Claus Krämer

Kleine Teufelskunde

Kleine Teufelskunde

Claus Krämer

REGIONALIA
VERLAG

Impressum

Claus Krämer
Kleine Teufelskunde

1. Auflage 2021

Regionalia Verlag,
ein Imprint der Kraterleuchten GmbH,
Gartenstraße 3, 54550 Daun

Layout, Satz und Korrektorat: Handverlesen – Alexandra Ihmig-Becker, Königswinter
Einbandgestaltung: Björn Pollmeyer

Titelbild: Francisco de Goya
Titelillustrationen: iStock.com/VeraPetruk
Sämtliche Abbildungen in diesem Buch sind gemeinfrei und stammen aus dem Archiv des Autors.

Gedruckt auf feinstem Schleipen-Papier aus deutscher Herstellung
Hergestellt in der Europäischen Union, Finidr, CZ

MIX
Papier aus verantwortungsvollen Quellen
FSC® C014138
FSC www.fsc.org

ISBN 978-3-95540-361-4
www.regionalia-verlag.de

Inhalt

Vorwort

»Please allow me to introduce myself: I'm a man of wealth and taste. I've been around for a long, long year, stole many a man's soul to waste« (etwa: »Gestatten Sie mir mich vorzustellen: Ich bin ein Mann von Wohlstand und Geschmack. Ich bin gehe schon viele Jahre um und raubte so manche menschliche Seele, um sie ins Verderben zu stürzen«). So singt der Rolling-Stones-Sänger Mick Jagger im Welthit *Sympathy for the Devil.* In dem Song lässt er den Teufel in der Ichform sprechen. Er sei dabei gewesen, als Jesus seine Momente des Zweifels und des Schmerzes erlebte, habe die Zarenfamilie wie auch die Kennedys getötet (aber im Verbund mit den Menschen). Auch mit der Textzeile *»I watched with glee while your kings and queens fought for ten decades for the gods they made«* (»Ich sah genussvoll zu, wie eure Könige und Königinnen zehn Jahrzehnte um die Götter kämpften, die sie selbst erschaffen hatten«), also in Anspielung auf den Hundertjährigen Krieg, deuten die Stones an, dass des Teufels bester Helfer der Mensch selbst ist. Und so endet der Song auch mit dem Satz: *»I tell you one time, you're to blame«* (»Ich sag's dir nur einmal, du bist schuldig«).

Ein anderer Musiker, der Kölner Geschichtenerzähler und Songpoet Wolfgang Niedecken, stellt uns den Teufel in *Enn Dreidüüvelsname* ähnlich vor: »Ich heiße Luzifer, mich jitt et unjefähr sick zweimohl hundertdausend Johre, sickdäm et Minsche jitt, mer dä Hals nit voll kritt, sickdäm jezock weed un bedroore« (»Ich heiße Luzifer, mich gibt es ungefähr seit zweimal hunderttausend Jahren, seitdem es Menschen gibt, man den Hals nicht vollkriegt, seitdem gezockt wird und betrogen«). Niedecken lässt den Höllenfürsten sagen: »Ich benn dä Satan, kenns du mich? Aff un zo speejele ich dich« (»Ich bin der Satan, kennst du mich? Ab und zu spiegele ich dich«) und am Schluss des Liedes wird klar: »Met däm eezte Minsch wood och dä Hass jeboore. Enn Dreidüüvelsname« (»Mit dem ersten Menschen wurde auch der Hass geboren. In Dreiteufelsnamen«). Die Botschaft ist relativ eindeutig: Ohne Mensch kein Teufel.

Bei den Rolling Stones ist der Teufel der *»man of wealth and taste«* – ein Mann von Wohlstand und Geschmack. Er taucht hier nicht als der Widersacher oder Ankläger auf, der er noch zu Zeiten des Alten Testaments war und auf den wir später noch ausführlich eingehen werden; jedenfalls nicht als der animalische, stinkende Gehörnte mit den

Bocksbeinen und ebenfalls nicht als die angsteinflößende Bestie aus den Malereien des Mittelalters. Erst recht ist er nicht der Einfaltspinsel aus den Grimm'schen Märchen oder dem Kasperletheater, der von pfiffigen Menschen leicht ausgetrickst werden kann. Der Jagger'sche Teufel stellt sich höflich vor und streitet mit Zynismus sein alleiniges Verantwortlichsein für schlimme Ereignisse ab. Vielleicht ist er ja nur eine willkommene Ausrede für den Menschen als den wahren Verursacher?

Denn seit es Menschen auf dieser Erde gibt, erleben wir Grausamkeit, Gewalt, Hass, Betrug, Lügerei und Gier. Geschichtsbücher und die täglichen Nachrichten in den Medien sind voll davon. Zahlreiche Philosophen, Psychologen, Soziologen, Mediziner und andere

Luzifer (William Blake, 1757–1827)

Fachleute haben sich den Kopf darüber zerbrochen, was uns Menschen böse werden lässt, den einen mehr, den anderen weniger. Für den Menschen im Mittelalter stellte sich die Frage eher nicht, denn man hatte ja jemanden, den man für alles Schlechte verantwortlich machen konnte. Schließlich war es der böse Teufel, der die Guten in Versuchung führte, der einflüsterte und manipulierte. Er stellte den Gegenpol zum lieben Gott dar. Oben im Himmel regierte das Gute. Unten in der Hölle (aber hauptsächlich doch auf der Erde) hatte der Teufel das Sagen.

In diesem kleinen Buch wollen wir der Gestalt des Teufels näherkommen (natürlich nicht persönlich). Wir wollen uns die verschiedenen Formen und Ausprägungen, die er in unseren Vorstellungen annimmt, anschauen. Wir machen uns auf die Suche nach Satan und Luzifer, nach Dämonen und bösen Geistern. Und wir steigen direkt mit der Religion ins Thema ein, denn sie hat die Basis geschaffen für das Teufelsbild, wie wir es heute kennen. Dabei betrachten wir auch die historischen Vorgängerinnen und Vorgänger des Höllenfürsten. Wir werden uns natürlich zudem mit den Hexen des Mittelalters und der frühen Neuzeit beschäftigen, ebenso mit Menschen, die sich auf einen Pakt mit dem Teufel einließen, die ihn beschworen oder feiernd verehrten. Nach einem Überblick über Repräsentationen des Teufels in Musik, Kunst, Literatur und Film beschließt ein kleines Teufels-ABC unsere *Kleine Teufelskunde.*

Der vielgestaltige Ex-Engel

Im Mittelalter war der Teufel allgegenwärtig. Die Kirche machte ihn sich gerne als Drohmittel zunutze, um die Gläubigen zu beeinflussen. In den Märchen, Legenden und im Volksbrauchtum nahm man dem Teufel hingegen seine Bedrohlichkeit, indem man ihn oftmals karikierte: Von der Kanzel wurde er als schrecklicher Höllenfürst präsentiert, in den Wohnstuben machte man sich indes heimlich über ihn lustig. So begegnet er uns im Brauchtum oft als Tier: das eine Mal als Schlange, das andere als Drache oder aber als Ziegenbock. Auch in Menschengestalt tritt er in Erscheinung, selbst als Jesus. Er kann sein Aussehen so verändern, wie er es will. Er spielt den gebildeten Gelehrten, der die Menschen für sich einnimmt, ebenso wie die verführerisch schöne Frau. In seiner allgemein bekannten Gestalt hinkt er, weil er sich beim Sturz aus dem Himmel verletzt hat. Sein Atem stinkt nach Schwefel. Er hat einen langen Schwanz und schwarzes Fell, manchmal auch missgebildete Flügel. Seine Farben sind Schwarz und Rot. Er wird als äußerst hässlich dargestellt und in Gestalt eines Mannes. Eigentlich ist er als Ex-Engel aber geschlechtslos. Weiblich ist dagegen seine Großmutter, die in volkstümlichen Vorstellungen sehr mächtig auftreten kann. Auch werden dem Teufel oft eine Frau und sieben Töchter an die Seite gestellt. Die Töchter stehen für die sieben Todsünden.

Wo wohnt der Teufel, außer in der Hölle? Er haust mit Vorliebe in alten, heidnischen

Der Teufel und seine Großmutter (Johann Jakob Ulrich, 1798–1877)

Tempeln und Kultstätten, gerne auch in der Natur – in Höhlen etwa oder in dunklen Wäldern. Die Hölle befinde sich genau in der Mitte des Erdballes, wird gesagt. Der Höllenfürst ist ein ausgeprägter Morgenmuffel: Kräht der erste Hahn, flieht er nach Hause. In Legenden und Märchen erleben wir es immer wieder, dass der Teufel von Menschen überlistet wird und sich hereinlegen lässt. Nicht so in den religiösen Schriften, denen zufolge nur ein fester Gottesglaube vor dem Treiben des Satans schützt. Zum Bangemachen hat er sich immer schon gut geeignet. In den mittelalterlichen Gotteshäusern wimmelt es deshalb oft von Teufelsdarstellungen in Bildern, Holz und Stein. Oft finden wir ihn an oder über dem Eingang.

Im ausgehenden Mittelalter und in der frühen Neuzeit wurden Menschen verfolgt, weil sie angeblich mit dem Teufel im Bunde standen. Während man glaubte, dass Besessene zufällig von einem Dämon heimgesucht wurden, lastete man den der Hexerei Bezichtigten an, absichtlich den Kontakt zum Teufel gesucht zu haben. Aus Machtgelüsten hätten sie ihren Leib und ihre Seele ganz in den Dienst des Satans gestellt. Innerhalb der Kirche war man sich sicher, dass Frauen gemeinhin leichter vom Bösen beeinflusst werden konnten als Männer und dass sie den Angeboten des Teufels viel eher erlägen. Aus diesem Grund wurden während der Zeit der Hexenprozesse in der Mehrheit Vertreterinnen des weiblichen Teils der Bevölkerung angeklagt und auf die Scheiterhaufen gezerrt. Wer nicht der christlichen Glaubensgemeinschaft angehörte oder sich gar weigerte, ihren Geboten zu folgen, galt schnell als Verbündeter des Teufels, den es zu bekehren galt. Wenn Worte nicht ausreichten, blieb immer noch die Folter. Sehr eindrucksvolle Warnungen vor dem Tun des Teufels waren öffentliche Hinrichtungen seiner vermeintlichen Anhänger, die meist den Flammentod sterben mussten.

Satan im Wandel

Nach dem Ende der lodernden Scheiterhaufen verringerte sich die Bedeutung des Teufels im Bewusstsein der Menschen. Zur Zeit der Aufklärung setzte man sich kritisch mit dem Thema Religion auseinander. Für manche Autoren der damaligen Zeit war die Vorstellung von einem Teufel reiner Kinderglaube. Vernunft stellte nun das Leitbild dar und da hatte der Teufel keinen Platz mehr. Vor allem die zeitgenössischen Philosophen erklärten ihn als abgeschafft. Auch in der Theologie spielte er eine immer geringere Rolle. Er wurde mehr und mehr zur weltlichen Romanfigur. Fast zur gleichen Zeit entstanden aber auch die ersten Satanssekten, die den Teufel als Gott verehrten.

Das Teufelsbild hat sich in den letzten Jahrzehnten stark gewandelt. Ein gutes Beispiel dafür ist die Werbung. Hier tritt der Satan schon mal als Maskottchen auf oder als Fleckenteufel, der dem wirklich Bösen, dem Schrecken aller auf Reinlichkeit bedachten Frauen, nämlich dem Fleck auf der sonst sauberen Bluse, den Garaus macht und damit zum willkommenen Helfer wird. »Teuflisch gut« ist heute ein Kompliment. Wir sehen: Der Teufel ist wandelbar wie sonst kaum jemand. Durch die Jahrtausende trat er immer in verschiedenen Gestalten auf, er wechselte Image und Optik,

Der Teufel in der Werbung (19. Jahrhundert)

Betätigungsfeld und Zielgruppe. Im kollektiven Bewusstsein blieb er jedoch stets präsent. Es ist das Ziel dieses Buches darzustellen, dass die Beschäftigung mit dem Teufelsthema keiner vergangenen Zeit angehört, sondern einen wichtigen Beitrag zur Bewältigung persönlicher wie globaler Schwierigkeiten leisten kann.

Der Teufel und die Religion

Wer glaubt was? Glauben Christen an den Teufel als Person? Und wie ist es mit den Agnostikern und den Atheisten? Schließlich ist der Teufel weder katholisch noch evangelisch. Während vor 50 Jahren noch fast 100 Prozent der Westdeutschen einer Religionsgemeinschaft angehörten, sind es heute 44 Prozent weniger. Laut einer Emnid-Umfrage aus dem Jahr 2016 sind 54 Prozent der Westdeutschen und 84 Prozent der Ostdeutschen der Ansicht, dass in der Bundesrepublik christliche Werte keine oder kaum eine Rolle spielen. 31 Prozent halten die katholische Kirche noch für zeitgemäß, der Rest tut dies nicht. Trotzdem nahmen die Kirchen in Deutschland laut *Bild am Sonntag* vom 30. Oktober 2016 den Rekordbetrag von 11,46 Milliarden an Kirchensteuer ein. Da kann es dann schon mal passieren, dass sich ein Bischof für 31 Millionen Euro eine neue Residenz bauen lässt. Wir leben in einem Zeitalter des Umbruchs.

Der bestrafte Abtrünnige

Aber wie steht es in Sachen Satansglaube? Als Ende der 60er Jahre der Tübinger Theologieprofessor Herbert Haag in seinem Buch *Abschied vom Teufel* ebenjenen als »reine Erfindung« bezeichnete, wurde ihm aus Rom der rechte Glaube abgesprochen. Der Autor war Vorsitzender des Katholischen Bibelwerks und hatte sich dank seines *Bibellexikons* international einen Namen gemacht. Als er auch in Vorlesungen vor Studenten dem Höllenfürsten die Existenz absprach, schritt die »Heilige Kongregation für die Glaubenslehre« ein und eröffnete gleich zwei Glaubensverfahren gegen ihn. Denn in einem anderen Buch hatte der Gelehrte bereits die Lehre von der Erbsünde abgestritten. Und Papst Paul VI. verkündete offiziell: »Der Teufel existiert wirklich!« Dabei blieb es bis heute. So heißt es beispielsweise auf der Seite des kirchlichen Online-Magazins *Kirche + Leben:* »Herbert Haag steht mit seiner Ansicht über das Böse im Gegensatz zur traditionellen christlichen Theologie, in der die Welt der Gott untergeordneten Geister eine personale Wirklichkeit ist. Das Neue Testament betont, dass wir nicht nur gegen Menschen aus Fleisch und Blut zu kämpfen haben (vgl. Eph 2, 2; 3, 10), sondern auch gegen die bösen 'Mächte und Gewalten' (vgl. Eph 1, 21). Damit wird der Teufel für den Menschen zum Versucher, der aber nur dann Macht über ihn gewinnen kann, wenn der Mensch ihm zustimmt.

Nach kirchlicher Lehre gibt es 'nicht nur das Böse, sondern auch den Bösen, bzw. die Bösen' (Katholischer Erwachsenen-Katechismus, Band eins).«

In der westlichen Welt ist die Vorstellung eines abtrünnigen Engels, der zum Teufel wurde, weit verbreitet. Sie hat ihre Wurzeln unter anderem, aber nicht nur, in der Bibel. Gott bestraft den Engel, weil er sich gegen ihn aufgelehnt hat. Jesaja (Jes 14,12) lässt ihn in seinem Buch in die Hölle fahren, weil er nach Gottgleichheit strebte. Bei Hesekiel (Hes 28,14) ist es der Stolz, der einen »glänzenden, schimmernden Cherub« zu Fall brachte. In nichtbiblischen apokryphen Texten und auch im Koran ist die Rede von einem oder mehreren Engeln, die sich geweigert haben, dem Menschen ihren Respekt zu bezeugen. Sie empfanden dies als unter ihrer Würde. Im Koran ist es der aus Feuer geschaffene Iblis, der dem Menschen, der aus Lehm entstand, seine Reverenz verweigert.

Die Verbannung Luzifers aus dem Himmel
(Mihály Zichy, 1827–1906)

Engel und Frauen

Der Kirchenvater Origenes (185 bis 254) ging davon aus, dass einige Engel, die Willensfreiheit besaßen, sich von Gott entfernten. Manche entschieden sich dafür, als Menschen zu leben, andere wurden Dämonen, die aus dem Himmel vertrieben wurden. Ihnen blieb aber die Möglichkeit, durch ein entsprechend gottgefälliges Leben dorthin zurückzukehren. Dies war die Meinung von Origenes, die nicht von allen anderen Kirchenvätern geteilt wurde. Als Kirchenväter bezeichnet man heute jene Autoren, die im ersten Jahrtausend durch ihre Kommentare und Interpretationen der urchristlichen und neutestamentarischen Schriften die christliche Lehre maßgeblich geprägt haben.

Auch sexuelles Interesse wurde als Grund für die Abwendung dieser Engel von Gott ins Spiel gebracht. Das apokryphe Buch Henoch berichtet von den Grigori. Dies sei eine Gruppe von Engeln gewesen, deren eigentliche Aufgabe darin bestanden habe, den Erzengeln beim Aufbau des Paradieses zu helfen. Bei einer Reise auf die Erde fanden sie großen Gefallen an den Menschenfrauen. Die mit diesen gezeugten Kinder wurden Riesen. Dies machte Gott wütend, er verstieß die Grigori, nahm ihnen die Unsterblichkeit und verwandelte sie in Dämonen. Um die Riesen, Nephilim genannt, auszulöschen, sandte er die Sintflut. Die Vorstellung von einem himmlischen Wesen, das in die Tiefe fällt, ist ein altes Motiv. So wirft beispielsweise Zeus in Homers *Ilias* seinen Sohn Hephaistos aus dem Olymp und lässt ihn heftig auf der Insel Lemnos aufprallen. Derartige Geschichten finden sich zuhauf in der griechischen Mythologie.

Der Sturz des Satan
(Gustave Doré, 1832–1883)

Teufel ist nicht gleich Teufel, da kann man schon mal durcheinanderkommen. Außerdem scheinen wir es hier auch nicht mit einer einzigen Figur zu tun zu haben, sondern mit einer Hierarchie aus Teufeln, Dämonen und anderen boshaften Wesenheiten. An der Spitze dieser Hierarchie steht Satan/Luzifer, dann folgen zahlreiche Unterteufel, die wie er einst Engel gewesen sein und dem Himmel den Rücken gekehrt haben sollen. In Analogie dazu kennt man überall auf der Welt Dämonen und böse Geister. Es ist nicht ganz klar, ob diese in Verbindung mit dem Teufelsreich stehen oder autonom agieren – die Vorstellungen darüber variieren in den einzelnen Religionen und Weltanschauungssystemen.

Der Teufel und seine Namen

Das griechische Wort *diábolos* heißt wörtlich übersetzt so viel wie »Durcheinanderwerfer». Verschiedene Religionen halten den *Diabolo* für ein eigenständiges Wesen. Im Christentum gilt der Teufel als das personifizierte Böse, quasi als direkter Gegenspieler Gottes. Die bekanntesten Namen für ihn sind neben dieser Bezeichnung noch Luzifer, Satan und Beelzebub, weitere tauchen in diesem Buch an verschiedenen Stellen auf.

Luzifer, der Morgenstern
(Giovanni Girolamo Frezza, 1659–1741)

Luzifer, der Lichtbringer

Alles begann folglich mit einer Auflehnung, die zum Sturz führte. Luzifer, der Lichtträger, der leuchtende Morgenstern, hatte eine ganz besondere Position unter den Engeln inne. Doch dies reichte ihm nicht, er wollte mehr. Er wollte auf den Himmelsthron. Anschaulich können wir dies in der Bibel nachlesen, bei Jesaja (14,12–15): »Wie bist du vom Himmel gefallen, du schöner Morgenstern! Wie wurdest du zu Boden geschlagen, der du alle Völker niederschlugst! Du aber gedachtest in deinem Herzen: ›Ich will in den Himmel steigen und meinen Thron über die Sterne Gottes erhöhen, ich will mich setzen auf den Berg der Versammlung im fernsten Norden. Ich will auffahren über die hohen Wolken und gleich sein dem Allerhöchsten‹. Ja, hinunter zu den Toten fuhrst du, zur tiefsten Grube!«

Ein Teil der Engel folgte Luzifer, als er aus dem Himmel verbannt und in die Unterwelt hinabgestürzt wurde. Andere Engel blieben bei Gott. Und es gab, so berichtet der schon erwähnte christliche Theologe und Kirchenvater Origenes im dritten Jahrhundert, auch noch weitere Engel, die sich nicht entscheiden konnten, auf welcher Seite sie nun stehen wollten. Von diesen Unentschlossenen – wir können es uns schon denken – sollen wir Menschen abstammen. Zumindest hat Origenes dies so gesehen.

Der Mensch schwanke immer zwischen Gut und Böse, befinde sich in einem ständigen Schwebezustand, immer Gefahr laufend, sich mehr dem Bösen zuzuwenden, als es für ihn und andere gut ist, sagte Origenes, dessen religiöser Wahn so weit ging, dass er sich eines Tages eigenhändig kastrierte. Er verkündete auch die umstrittene »Allerlösungslehre«, der zufolge nicht nur alle Menschen nach ihrer Läuterung in den Himmel gelangen, sondern auch der böse Satan. Aus Origenes' Sicht existiert die Hölle nicht ewig, alle kommen früher oder später zu Gott. (So, wie es momentan auf der Welt aussieht, dürfte dies allerdings noch einige Zeit dauern ...)

Werfen wir einen Blick auf Luzifer. Der lateinische Name der Venus, des Morgensterns, ist Luzifer/Lucifer. Das lateinische Wort *lux* heißt übersetzt »Licht«. *Ferre* bedeutet »tragen« oder »bringen«. Also ist Luzifer der »Lichtbringer«. Der Stern trug seinen Namen schon in antiker römischer Zeit. Die Römer hatten die Bezeichnung von den Griechen übernommen, die ihn *phosphóros* nannten (auch das heißt »Lichtbringer«). Im Alten Testament findet sich einige Male die Bezeichnung »Luzifer« für den Morgenstern ohne Teufelsbezug. Auch Jesus soll sich selbst als »strahlenden Morgenstern» bezeichnet haben (in der Offenbarung des Johannes, 22,16). Der Morgenstern heißt auf Hebräisch *helel*, in der griechischen Bibelübersetzung eben *phosphóros* und später bei den Kirchenvätern Lucifer.

Luzifer (Louis Le Breton, 1818–1866)

Im Judentum kennt man keinen Teufel namens Luzifer. Und auch der Satan ist dort etwas anderes als der Leibhaftige im Christentum. Dass aus Luzifer und Satan der Teufel wurde, geht auf die Kirchenväter zurück, die eine Äußerung Jesu im Lukasevangelium (10,18) zum Anlass nahmen, die Figur zu erfinden: »Ich sah den Satan vom Himmel fallen wie einen Blitz.« In der Offenbarung des Johannes ist der Teufel ein Drache, der den jungen Jesus verschlingen will, vom Erzengel Michael und seinen Engeln aber daran gehindert wird. Im Kampf stürzen der Drache und seine Mitkämpfer vom Himmel auf die Erde. Der schon zitierte Origenes war der Meinung, dass Luzifer versucht habe, sich mit Gott gleichzustellen, und dafür in den Abgrund stürzen musste. Spätere Kirchenväter wie etwa Cyprian, Ambrosius und Hieronymus übernahmen diese Auffassung. Allerdings dauerte es noch bis zum Mittelalter, bis Luzifer auch im offiziellen Sprachgebrauch der Kirche mit Satan und dem Teufel gleichgesetzt wurde.

Im Laufe der Geschichte gab es immer wieder Abweichler, die die Sache anders betrachteten, beispielsweise die Gnostiker. Das waren Menschen, die es wagten, andere Dinge zu glauben und zu denken, als es die offizielle Kirche vorgab.

Luzifer in der ersten illustrierten Ausgabe von Dantes *Göttlicher Komödie* (Petrus de Blasiis, 15. Jahrhundert)

Dass der Name Luzifer in der Spätantike nicht negativ konnotiert war, zeigt uns die Tatsache, dass es sogar einen heiligen Lucifer gegeben hat. Er war im 4. Jahrhundert Bischof von Cagliari auf Sardinien und starb im Jahr 371. Der heilige Lucifer scharte eine große Anzahl von Anhängern um sich, die sich als sogenannte Luciferianer für einen kurzen Zeitraum einen gewissen Einfluss verschaffen konnten. Sie vertraten ein Christentum, das sich an das nizänische Glaubensbekenntnis hielt und den damals mit diesem konkurrierenden arianischen Glauben strikt ablehnte. Dies scheint für eine Heiligsprechung Lucifers ausgereicht zu haben.

Satan, der Ankläger

Das Wort »Satan« stammt aus der hebräischen Sprache. *Ha-Satan,* so lautet der alttestamentarische hebräische Begriff, der bei Hiob und Sacharja in der Bibel vorkommt. Er bedeutet so viel wie »Ankläger«. Gemeint ist damit an den meisten Stellen der Schriften ein Mitglied des göttlichen Hofstaats, dessen Aufgabe es ist, den Menschen in Versuchung zu führen und ihn zu prüfen. Auch klagt er die Sünden der Sterblichen vor dem göttlichen

Gerichtshof an – daher sein Name. Er ist somit eher als Widersacher des Menschen zu sehen denn als Gegenspieler Gottes, dessen Macht unantastbar ist.

Im Buch Hiob finden wir den ausführlichen Bericht von einem als Satan bezeichneten Engel, der im Auftrag Gottes handelt. Am himmlischen Gerichtshof fungiert er als Satan, also als Ankläger. Auch in Sacharja 3,1 tritt Satan als Ankläger auf, er verklagt den Hohepriester Jeschua, wird vom Herrn jedoch dafür gescholten. Es existieren volkstümliche jüdische Erzählungen aus dem Mittelalter, in denen ein Engel sich selbst auf die Stufe Gottes stellen will und deshalb von ihm verstoßen wird – dieser wird ebenfalls als »Satan« bezeichnet. In diesen Geschichten sind noch alte persische Elemente enthalten, in denen der Kampf Gut gegen Böse eine Rolle spielt, wie auch christliche Vorstellungen. Dabei handelt es sich eher um Schauergeschichten als um traditionelle religiöse Erzählungen.

Der gestürzte Satan (Gustave Doré, 1832–1883)

Im Alten Testament finden sich auch Passagen, in denen ein Mensch als ein »Satan« bezeichnet wird. Ein solcher handelt dann ebenfalls nicht nach seinem eigenen Willen, sondern im Auftrag Gottes.

Das Judentum kennt keinen Dualismus, wie er in anderen Religionen vertreten wird. Und der Satan erscheint dort nicht als das personifizierte Böse. Anders im Christentum. Hier tritt der Satan als Inbegriff des Bösen aus freiem Willen als Versucher und Verderber der Menschen und Gegenspieler Gottes auf, ist diesem jedoch immer unterlegen. Er hat gegen Gott rebelliert und ist gefallen.

Ob der in der Bibel auftretende Luzifer dieselbe Gestalt ist wie Satan, darüber herrscht in Fachkreisen auch heute noch Uneinigkeit. Luzifer gilt als gefallener Engel. Einst habe er sich gegen Gott aufgelehnt und sei vom Erzengel Michael in die Hölle gestürzt worden. Luzifer, der Lichtbringer, war also irgendwann mal ein Guter. Zwei Bibelstellen, Jesaja

14,12 und Lukas 10,18, sind der Grund dafür, dass man allgemein Satan und Luzifer als ein und dasselbe Wesen betrachtet: »Ach, du bist vom Himmel gefallen, du strahlender Sohn der Morgenröte. Zu Boden bist du geschmettert, du Bezwinger der Völker«, heißt es bei Jesaja. Lukas lässt Jesus zu seinen Jüngern sagen: »Ich sah den Satan wie einen Blitz vom Himmel fallen.« Die Vermischung beider Bibelstellen war später der Grund dafür, dass Satan und Luzifer miteinander zu einer Gestalt verschmolzen.

Beelzebub, Herr der Fliegen und Anführer der Dämonen

Der Name »Beelzebub« leitet sich ab von der Bezeichnung *Baal Zebub* und ist zu übersetzen mit »Herr der Fliegen« – bezogen auf einen heidnischen Gott, den man auf diese Weise als Dämon verunglimpfte. Der »Herr der Fliegen«, dessen Götzenbild ständig von unzähligen Insekten umschwärmt wurde, hat seinen Namen folglich von *Baal* (»Herr«) und *Zebub* (»Fliegen«). Die Bedeutung »Herr des Misthaufens« hat Beelzebub im rabbinischen Hebräisch: Das hebräische Wort *Sebul* bedeutet »Kot« oder »Dünger«. Im Neuen Testament schließlich wird Beelzebub ebenfalls siebenmal namentlich erwähnt und zwar erstmalig im Markusevangelium, dann auch bei Matthäus und Lukas. Stets erscheint er dort als Anführer der Dämonen, als oberster Teufel. Mit seiner Hilfe habe Jesus die Dämonen ausgetrieben, so wird ihm von den Pharisäern und Schriftgelehrten vorgeworfen (Markus 3,22–23). Doch Jesus stellt ihnen die Frage: »Wie kann man den Satan mit dem Satan austreiben?« Auch heute noch wird die Redewendung »den Teufel durch Beelzebub austreiben« verwendet, was so viel bedeutet wie ein Übel durch ein anderes zu bekämpfen.

Im Mittelalter hielten ihn Theologen für den Fürsten des Reiches der Finsternis. Im Epos *Paradise Lost* von John Milton steht er in der Hierarchie nur eine Stufe unter Satan. Er sei riesengroß, wurde gesagt, habe zwei große Hörner, breite Fledermausflügel und Entenfüße. Beim Hexensabbat fordere er von den Teilnehmerinnen körperliche Hingabe. Auch wird er oft in Fällen von Besessenheit genannt.

Die spätere Literatur zu Zauberei kennt ihn als Patron der Magie. Knecht Ruprecht, der dunkle Begleiter des Nikolaus, wird in einigen Regionen als Beelzebub bezeichnet. Im Song *Bohemian Rhapsody* der Gruppe Queen wird er in folgender Textzeile erwähnt: *»Beelzebub has a devil put aside for me.«*

Als teuflische Erscheinungsformen traten auch Belial (Beliar), ein Dämon im Alten Testament, Chutriel (ein folternder Teufel in der Hölle), Legion (eine Gruppe von Teufeln im Neuen Testament) oder die weibliche Teufelsgestalt mit dem hebräischen Namen Sanny auf. In der mittelhochdeutschen Sprache wurde der Höllenfürst als Valant bezeichnet, später wurde Voland daraus.

Manche Menschen scheuen davor zurück, den Teufel beim Namen zu nennen, weil sie glauben, dass sie ihn dadurch herbeirufen könnten. Daher erfand man zahlreiche Umschreibungen, wie »Leibhaftiger«, »Gottseibeiuns«, »Daus« (»ei der Daus«), »Widersacher«, »Verführer«, »Höllenfürst«, »Höllenwart«, »Fürst dieser Welt«, »Sohn der Verdamnis«, »gefallener Morgenstern«, »Herr der Fliegen«, »Tausendkünstler« (*milleartifex* in lateinischer Sprache) oder »Old Nick« (englisch). Auch tauchen Bezeichnungen wie »das Böse«, »der Herr (auch Fürst) der Finsternis«, »die Schlange«, »der Verleumder«, »der Verführer«, »der Gefallene« und bei Paulus »der Gott dieses Zeitalters« auf.

Satan und Beelzebub, Illustration von William Hayleys *The life of Milton: in three parts ...* (Jean Pierre Simon, c. 1750–1810, Richard Westall, 1765–1836)

666 und Schwefelgeruch – Attribute des Teufels

Als Attribute des Teufels werden ganz unterschiedliche Phänomene genannt.

So ist als Gegenpol zum göttlichen Licht Schwarz die Farbe des Widersachers. Aber auch mit Rot wird er in Verbindung gebracht – diese Farbe steht für Feuer, Wut und Aggression, Angriffslust und Triebhaftigkeit. Im Mittelalter war man vorsichtig, wenn einem ein rotes Tier (Vogel, Nagetier, zum Beispiel ein Eichhörnchen) begegnete, denn die Farbe konnte auf die Hölle und ihren Herrscher hinweisen. In manchen Volkssagen trägt der Teufel jedoch auch grüne Kleidung, wenn er in der Figur des Jägers auftritt.

Die meisten Menschen würden den Teufel vermutlich als ein gehörntes, bockartiges Wesen mit zottigem Fell und Ziegenfüßen bezeichnen. Diese Darstellung wurde aus der griechischen Mythologie vom Naturgott Pan auf die mitteleuropäische Teufelsfigur übertragen. Manchmal hat der Höllenfürst auch einen Menschen- und einen Pferdefuß als Zeichen seiner Zwiespältigkeit. Und so hat auch das Pferd einen symbolischen Bezug zur Teufelsgestalt, besonders im Hinblick auf die sexuellen Kräfte, die man ihm zuschreibt. Überhaupt ist der Höllenfürst ein Mischwesen, an dem sich Attribute verschiedener antiker Götter wiederfinden: Der schon erwähnte Pan lieferte die Hörner und Hufe, den Dreizack borgte er sich beim Meeresgott Neptun aus und seine Flügel hat er von den Cherubim, den Gottesbegleitern, die im frühen Glauben der Israeliten auftraten. Der Teufel liebt den Rausch, die Orgie und die Ekstase, hieß es im Mittelalter. In ihm zeigen sich Eigenschaften des griechischen Weingottes Dionysos sowie des Götterboten Hermes, dem man auch List, Verschlagenheit und Hang zu betrügerischem Verhalten nachsagte. Während der Zeit der Hexenverfolgung glaubte man auch vom Teufel, er sei extrem schlau, allwissend und habe Kenntnis von allen möglichen Dingen. In den Volksmärchen wird er allerdings oft als eine einfältige Figur dargestellt, die man durchaus hinters Licht führen kann.

In der *Göttlichen Komödie* von Dante Alighieri aus dem frühen 14. Jahrhundert hat Luzifer drei Köpfe und präsentiert sich damit als Gegenpol zur göttlichen Dreieinigkeit. Die Zahl Drei spielt in Dantes Werk eine wichtige Rolle. Es gibt darin drei Jenseitsbereiche, 33 Gesänge und Anspielungen auf das vermutete Alter Jesu bei dessen Kreuzigung. Gemeinhin gilt jedoch die Zahl sechs als die teuflische, konkret in ihrer Verdreifachung. Über die 666 lesen wir in der Offenbarung des Johannes (Offb. 13,18EU): »Wer Verstand hat, berechne den Zahlenwert des Tieres. Denn es ist die Zahl eines Menschennamens; seine Zahl ist sechshundertsechsundsechzig«. Durch die Jahrhunderte gab es immer wieder Versuche, die Zahl zu deuten. Anfangs glaubte man, sie sei eine Art Code für den Namen des wahnsinnigen römischen Kaisers Nero. Andererseits gab es Zahlenspiele, die die 666 mit dem Papsttum verbanden. Neuere Forschungen an der Universität Wien lassen jedoch vermuten, dass es sich bei der biblischen Nennung der Zahl um ein sogenanntes »isopsephisches Rätsel« handelt, das auf einem Spiel mit den Zahlenwerten der griechischen Buchstaben basiert und dessen computergesteuerte Entschlüsselung nun auf den römischen Kaiser Trajan verweist. Trajan hatte die Ermordung der Christen angeordnet, die dem Kaiserkult und den heidnischen Göttern nicht huldigen wollten, und der lasterhafte Lebensstil, der unter seiner Regentschaft in Rom herrschte, mag ebenjenen frühen Christen durchaus als teuflisch gegolten haben. Doch als Zahl des Teufels hat die 666 sich unter Satanisten und auch unter Metallern eingebürgert: So hat das extrem erfolgreiche Album der Heavy-Metal-Band Iron Maiden *The Number Of The Beast* (»Die Zahl der Bestie/des Teufels«) dazu beigetragen, dass die »Teufelszahl« zahlreiche Autokennzeichen, T-Shirts und sonstige Fanartikel ziert.

Ein Symbol, das der Teufel seinen Geschlechtspartnerinnen beim Eingehen des Teufelsbundes (also bei der sexuellen Vereinigung mit den Hexen) einbrannte, war das *stigma diabolicum,* das Hexenmal. So glaubte man zu Zeiten der Hexenverfolgung und daher suchten die Inquisitoren während der Verhöre den Körper von Beschuldigten nach auffälligen Hautveränderungen ab. Wenn diese beim Einstechen nicht bluteten, glaubte man, den Beweis für solch ein Mal gefunden zu haben.

Einige religiöse Symbole gelten in ihrer Umkehrung als Symbole für den Teufel, so etwa das auf dem Kopf stehende Kreuz. Im christlichen Kontext nennt man es Petruskreuz: Da es im frühen Christentum hieß, der Apostel Petrus sei mit dem Kopf nach unten gekreuzigt worden, stand es für das Martyrium dieses Jüngers. Angeblich hat er es selbst so gewollt, da er sich nicht für würdig hielt, auf die gleiche Art wie Jesus zu sterben. Auch heute noch tragen manche katholische Kirchen, die unter dem Patrozinium des heiligen Petrus stehen, ein Petruskreuz auf dem Turm.

Unter den Anhängern Satans dagegen wird es »Kreuz des Südens« genannt. Seine Deutung ist einfach: Es geht um die Ablehnung und Verspottung des christlichen Kreuzes.

Ähnlich verhält es sich mit dem Pentagramm, einem fünfeckigen Stern. In der Antike galt das Pentagramm, bei dem eine Spitze des Sterns nach oben zeigt und zwei nach unten, als Symbol für die Gesundheit und das Leben.

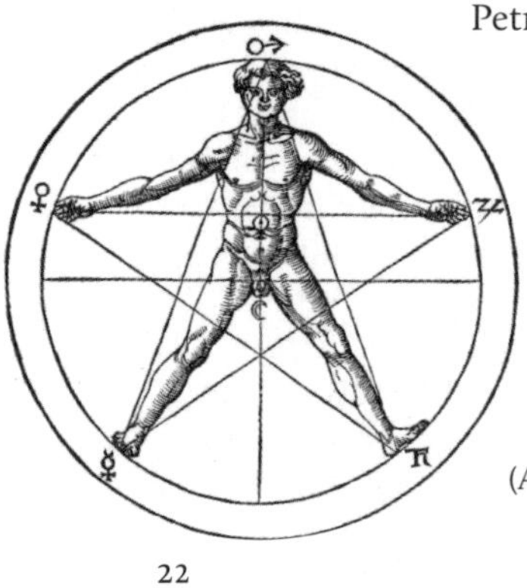

Der menschliche Körper im Pentagramm
(Agrippa von Nettesheim, 1486–1535)

Symbolisch steht es für die vier Elemente, die vom Geist überragt werden. Man war zudem der Meinung, dass die fünf Spitzen die Wunden Jesu repräsentierten. Als Pentagrammaton wurde der Fünfstern in der Überlieferung auch auf die Person Jesu als Christus bezogen, in Ableitung vom Tetragrammaton (JHVH) und in Anlehnung an die hebräische Schreibweise des Namens Jeschua. In der katholischen Kirche des Mittelalters wurde das Pentagramm – nun umgedreht – als Abwehrzeichen gegen böse Dämonen verwendet. In gotischen Kirchen findet es sich auf manchen Fenstern, denn auch die mittelalterlichen Baumeister, von denen einige in Geheimgesellschaften organisiert waren (Freimaurer), bedienten sich des Pentagramms. In ländlichen Regionen, zum Beispiel des Alpenraumes, erkennt man es hin und wieder eingeritzt in Türbalken von uralten Bauernhäusern und Kuhställen – man wollte sich damit vor Hexenzauber schützen. Das umgekehrte Pentagramm steht nur auf einer Spitze und wird auch als Drudenfuß bezeichnet. Bei den Anhägern Satans und düsterer Kulte werden die beiden nun nach oben zeigenden Spitzen mit den Hörnern des Teufels assoziiert und stehen als Symbol seiner Herrschaft. Éliphas Lévi, ein französischer Okkultist, nennt das Symbol seinerseits das »Zeichen der Ziege des Sabbaths« und sieht in den beiden oberen Spitzen ebenfalls Hörner, während die anderen die Ohren und den Bart der Ziege repräsentieren sollen.

Das Siegel des Baphomet der Church of Satan

Bleiben wir bei den Hörnern. Als »gehörnte Hand« *(mano cornuta)* wird eine Geste bezeichnet, die den Teufelskopf darstellt. Der Zeigefinger und der kleine Finger werden dabei von der Faust abgespreizt, der Daumen eingeknickt. In Italien diente diese Geste als Schutzzeichen gegen das Böse, man wollte sich durch sie vor Unglück und bösen Einflüssen schützen. Assoziationen mit dem gehörnten Kopf des Teufels sind aber durchaus möglich und dürften Musiker und Publikum in der Heavy-Metal-Szene dazu gebracht haben, die Geste auf Dauer als Identitätsmerkmal zu installieren – mittlerweile ist sie aufgrund der charakteristischen Form auch als »Pommesgabel« bekannt. Andere Namen für sie sind »Satansgruß«, »Teufelsgruß« etc.

Und der Schwefelgeruch? Nun, der haftet dem Teufel an, weil es in der Hölle eben nach Schwefel riecht. Womöglich sind die Vorstellungen von der Hölle ja zurückzuführen auf das reale Geschehen eines Vulkanausbruchs, das unsere Vorfahren erlebten und in dem sie das Aufsteigen eines Höllenfeuers sahen. Und bei einer solchen Eruption ist nun mal Schwefel im Spiel. Doch wie auch immer das Bild von der Hölle entstanden sein mag – der faulige Gestank gehört auf jeden Fall dazu. Und so ist der Schwefelgeruch gleichermaßen des Teufels Eau de Toilette, sein olfaktorisches Markenzeichen. Davon wussten schon die Verfasser der Bibel und die Kirchenväter zu berichten.

Der Teufel in heiligen Schriften

Der Teufel in der Bibel

Traditionell ist der Teufel der Urheber von Lügen und bösen Taten. In der Offenbarung des Johannes 12,9 ist er der »große Drache, die alte Schlange, die Teufel oder Satan heißt und die ganze Welt verführt.« Letztlich wird er »geworfen in den Pfuhl von Feuer und Schwefel«. Ein Tier, das häufig in Bezug zum Teufel gesetzt wird, ist die Schlange, die in der Schöpfungsgeschichte Eva in Versuchung geführt hat.

Eva, Adam und die teuflische Schlange
(Julius Schnorr von Carolsfeld, 1794–1872)

Im Neuen Testament ist Satan aber auch ein Engel, der von sich im zweiten Korintherbrief (11,14) sagt, er sei der Engel des Lichts. Weitere Bibelstellen mit direktem Teufelsbezug sind neben anderen:

1. Johannes, 3,8: »Wer die Sünde tut, stammt vom Teufel; denn der Teufel sündigt von Anfang an. Der Sohn Gottes aber ist erschienen, um die Werke des Teufels zu zerstören.«

Und bei Jesaja (14): »Wie bist du vom Himmel gefallen, du Glanzstern, Sohn der Morgenröte! Wie bist du zu Boden geschmettert, Überwältiger der Nationen! Und du, du sagtest in deinem Herzen: Zum Himmel will ich hinaufsteigen, hoch über den Sternen Gottes meinen Thron aufrichten und mich niedersetzen auf den Versammlungsberg im äußersten Norden. Ich will hinaufsteigen auf Wolkenhöhen, dem Höchsten mich gleichmachen. Doch in den Scheol wirst du hinabgestürzt, in die tiefste Grube.« (Der *Scheol* ist im Alten Testament das Totenreich wie auch ein Bestrafungsort für Ungläubige und Sünder).

Ezechiel 28: »Du warst ein mit ausgebreiteten Flügeln schirmender Cherub, und ich hatte dich dazu gemacht; du warst auf Gottes heiligem Berg, mitten unter feurigen Steinen gingst du einher. Vollkommen warst du in deinen Wegen von dem Tag an, als du geschaffen wurdest, bis sich Unrecht an dir fand.«

Während der Teufel in der christlichen Kultur stets eine wichtige Rolle gespielt hat, finden wir ihn zwar schon im Alten Testament, dennoch war er zunächst lediglich eine Randfigur. Die Entstehungsgeschichte des Alten Testaments erstreckt sich über einen Zeitraum von rund 900 Jahren, genauer gesagt von der Zeit um das Jahr 1000 bis zum Jahr 100 v. Chr.

In Jesaja 45,7 heißt es, Gott sei der Erschaffer von Licht und Dunkelheit gleichermaßen, ebenso von Frieden und Krieg, von Aufbau und Zerstörung. Obwohl uns das Alte Testament Gott als gute Macht präsentiert, lesen wir auch bei Jeremias (45,5), dass er »Unheil über die Sterblichen« bringe. Beim Lesen des Alten Testaments wird deutlich, dass Gott der Herr über alles ist, was geschieht. Also auch über Raub, Mord und Totschlag, über Schändung und Vergewaltigung. In Josua 11 töten die Israeliten die Kanaaniter und in Josua 7,26 werden die Bewohner der Stadt Ai brutal niedergemacht, insgesamt zwölftausend Männer, Frauen und Kinder. Als das Volk sesshaft geworden war, erhielt sein Gott mit der Zeit ein anderes Image. Er wurde zum Kümmerer, den man nicht mehr so einfach für das dunkle Geschehen in der Welt verantwortlich machen konnte. Es musste also dringend eine Figur her, die den Schatten repräsentierte.

Die Wiege des Bösen

Als Akteur können wir den Teufel im Judentum, im Christentum und im Islam finden, die drei Religionen, die in Bezug auf das Alte Testament miteinander verwandt sind.

Eine frühe Teufelsprägung, die nachfolgende Kulturen beeinflusst hat, gibt uns der altiranische Mazdaismus. Vor rund 4000 Jahren lebten im heutigen Iran die Indogermanen, die für die Entwicklung der europäischen Kulturen und Sprachen von großer Bedeutung sein sollten. Dort stand quasi die Wiege des Teufels wie auch die der Engel. Man glaubte an viele Götter. Auch die herrschenden Könige erfuhren religiöse Verehrung, denn sie galten als Abgesandte der Götter, als deren Stellvertreter auf der Erde. Der persische Priester Zarathustra schuf um das Jahr 600 den Zarathustrismus (auch Zoroastrismus). Und Zarathustra ließ in der neuen Religion einen Teufel auftreten. Der Hauptgott bei Zarathustra hieß Ahura Mazda. Er war weise und gut. Sein böser Gegenspieler wurde Ahriman oder Angra Mainyu genannt. Ahura Mazdas Aufenthaltsort war der Himmel, das endlose Licht. Ahriman, der Böse, trieb in der Tiefe sein Unwesen, in ewiger Finsternis. Ahura Mazda, der »liebe Gott«, war allwissend und von unendlicher Güte, Ahriman dagegen hauptsächlich gierig. Er brachte das Böse in die Welt und damit zu den Menschen. Auch galt er als Erschaffer gefährlicher Tiere und Dämonen und als derjenige, der in den Menschen die Veranlagung zum Begehen schlechter Taten bewirkt hatte. Er war der Verführer, der die guten Werke zu unterwandern und zu zerstören suchte. Dass er am Ende aller Zeit dem guten Gott unterliegen werde, wurde von Zarathustra deutlich gemacht. Nur aus diesem Grund sei die Zeit erschaffen worden. Dadurch wurde Ahrimans Wirken auf Erden begrenzt. Ihm stand keine Ewigkeit offen. Zwar hatte er die Möglichkeit, eine bestimmte Zeit lang zu agieren. Seine Niederlage stand jedoch von vornherein fest. Wir erkennen an dieser Stelle, wie groß der Einfluss Zarathustras auf die anderen Religionen war. Hatten die Götter in den großen Religionen bis zu diesem Zeitpunkt gleichermaßen gute und schlechte Eigenschaften und Angewohnheiten besessen, gab es nun einen einzigen guten Gott, dem das rein Böse gegenüberstand. Zarathustras neue Religion machte die Polarität deutlich: oben Gut, unten Böse. Für ihn war klar, dass die Menschen das Böse erfahren und erkennen mussten, dass seine Kräfte zerstörerisch sind.

Im Zarathustrismus haben die Menschen die Wahl zwischen dem Guten und dem Bösen: Mazda, der gute Gott, und Ahriman, der böse Erschaffer der Welt, sind Gegenspieler. Nach dem physischen Tod wird über den Menschen Gericht gehalten. Wer gut ist, gelangt ins Paradies, die Bösen kommen in die Hölle. Im Zarathustrismus gibt es mehrere böse Dämonen, deren Ziel es ist, die guten Menschen zu verführen und Plagen in Form von Umweltkatastrophen über die Welt zu bringen. Auch hier wird ein Heiland erwartet – beziehungsweise sogar drei, die nacheinander auftreten sollen. Die bösen Geister werden vernichtet und die Toten sollen auferstehen. Die zarathustrische Lehre von der Auferstehung stimmt auch in einigen Details mit der christlichen überein und es ist wahrscheinlich, dass sie von den benachbarten Hebräern übernommen wurde.

Der Spion Gottes

Das griechische Verb *diaballein* bedeutet »verleumden« oder auch »verfeinden«. Daraus entstand das lateinische *Diabolus* und später das althochdeutsche Wort *tiufal*, »Teufel«.

Im Buch Hiob hat Satan eine Funktion und Aufgabe: Er ist eine Art »Spion«, er hat die Menschen zu überwachen. Altorientalische Herrscher beschäftigten solche Spione, um das Volk zu beschatten. Diese Vorgehensweise übertrug man in der Vorstellung auch auf den himmlischen Hof. In diesem Sinne ist Satan zunächst eine Art Beamter, der nur seine Arbeit tut.

Ansporn für den Teufel sind Neid und Gier. Er will den Menschen nicht als Gottes Ebenbild anerkennen und er will diesem nicht untertan sein. Er möchte erreichen, dass Gott sich von den Menschen abwendet.

Folglich stellt er die Opposition zur Gemeinschaft von Gott und den Menschen dar. Er selbst kann nur zerstören; Ordnung zu schaffen, dazu ist er nicht in der Lage. Er kann in unterschiedlichen Formen auftreten und verschiedene Namen tragen. Obwohl er ein Einzelwesen ist, hat er eine unüberschaubare Zahl an Helfern und Helfershelfern.

Zwar ist Satan nach katholischer Auffassung mächtig. Aber er ist nur ein Geschöpf mit einer begrenzten Macht, er kann den Aufbau des göttlichen Reiches nicht verhindern. Satan schadet in erster Linie den einzelnen Menschen wie auch der Gesellschaft, denn er agiert auf der Erde. Sein Motiv ist der Hass gegen Gott, doch lässt dieser sein Tun zu. Für viele Menschen ist dies unverständlich, aber man verlässt sich auf das, was in Römer 8,28 steht: »... aber wir wissen, dass Gott bei denen, die ihn lieben, alles zum Guten führt.«

Der Verführer und Versucher

Das Alte Testament des Christentums setzt sich zusammen aus den Schriften des *Tanach,* der Hebräischen Bibel des Judentums – wenn auch in etwas anderer Anordnung. Und wir erkennen den Teufel in diesen ganz frühen Schriften noch nicht als eine selbstständige Figur. Denn Gott ist für dessen Handeln verantwortlich, weil er ihm alle Freiheiten lässt. Gott hat ihn also selbst so gewollt und entsprechend erschaffen. Durch ihn stellt er die Menschen auf die Probe. In diesem Sinne ist der Teufel ein Mitarbeiter Gottes. Bei Jesaja und Jeremia erklärt Gott dies auch deutlich: »Ich erschaffe das Licht und mache das Dunkel, ich bewirke das Heil und erschaffe das Unheil. Ich bin der Herr, der das alles vollbringt.« Oder an anderer Stelle: »Du aber begehrst Großes für dich? Begehre es nicht! Denn siehe, ich bringe das Unheil über alle Sterblichen ...« So wird Satan, wie wir bereits gesehen haben, als Mitglied der göttlichen Ratsversammlung im Buch Hiob von Gott beauftragt, ebenjenen Hiob auf die Probe zu stellen. Satan nimmt ihm all seinen Besitz sowie seine zehn Kinder, um ihn dazu zu bringen, seine Frömmigkeit abzulegen und Gott zu verfluchen – tritt damit erstmals als Verführer eines Menschen auf. Hiob widersteht jedoch allen Versuchungen, er wendet sich nicht von seinem Gott ab. Satan gelingt es nicht, Gott zu beweisen, dass Hiob ihm nicht treu ist. Dabei handelt er, wie schon erwähnt, nicht aus eigenem Antrieb, sondern im Auftrag Gottes, also gleichsam als dessen Werkzeug. Satan agiert somit eindeutig nicht gegen Gott. Ähnlich ist es bei Jesaja, wo er ebenfalls Gottes Diener ist.

Um das Jahr 400 v. Chr. entstand das erste Buch der Chronik. Hier erleben wir Satan erstmals als selbstständig handelndes Individuum. Er richtet sich gegen den Willen Gottes. Gott ist in dieser Schrift nicht mehr, wie zuvor, für Unheil verantwortlich. Nun ist es

Satan, der Plagen über die Menschheit bringt oder sie Unrecht tun lässt. Gott tritt dann als Bestrafer der fehlgeleiteten Menschen auf.

Dass sich das alttestamentarische Bild vom Teufel änderte, hatte wohl politische Gründe. Die Römer hatten Israel besetzt. Die Juden lebten in existenzieller Angst. Ihr Glaube wurde immer apokalyptischer. In der Politik hatte man also ein klares Feindbild und ein solches schien auch in der Religion immer stärker benötigt zu werden. Keiner eignete sich da besser als der Ankläger und Verführer, den man nun zum Feind erklären konnte: Satan entwickelte sich von der Randfigur zur eigenständigen Macht. Er wurde zum Widersacher Gottes, zur personalen Verkörperung des Bösen. Der jüdischen Lehre zufolge haben die Menschen zunächst eine reine Seele und stehen vor der Entscheidung, ob sie sich dem Guten oder dem Bösen zuwenden wollen. Sünder sind die Menschen, die Gottes Geboten nicht folgen. Gerechte hingegen diejenigen, die gottesfürchtig sind und ethisch handeln. Und ihnen winkt nach dem irdischen Ableben ein Platz im Paradies.

Ein Mann stirbt und der Teufel holt sich seine Seele in Form eines Kindes (17. Jahrhundert)

Schauen wir einmal ein paar Etagen tiefer: Nicht jede Religion hat eine Hölle in ihrem Katalog. Das Judentum beispielsweise kennt keine Hölle im christlichen Sinn: Dort hat jeder Mensch die Möglichkeit zu Umkehr und Sühne und darf mit der Vergebung und der Liebe Gottes rechnen.

Im Neuen Testament des Christentums wird deutlich, dass der Teufel große Macht besitzt, aber auch, dass sein Wirken endlich ist und Jesus derjenige, der ihn besiegt. Der Teufel versucht ihn zwar, hat aber keinen Erfolg. Im neuen Testament wird mehrfach berichtet, dass Jesus Teufel und Dämonen aus Menschen austrieb. Man muss also davon ausgegangen sein, dass der Teufel nicht allein tätig war, sondern Helfer hatte. Übrigens brachte man damals auch Krankheiten mit bösen Mächten in Verbindung. Aussätzige hielt man für vom Teufel oder von Dämonen besessen. Ebenso sah man in Menschen mit ausgeprägter Hässlichkeit Ausgeburten des Bösen und Dämonischen.

Im Neuen Testament bitten die Dämonen häufig um Gnade, wenn sie erkennen, dass Jesus vor ihnen steht. Und in solch einem Fall lässt er sie beispielsweise in eine Schweineherde fahren, sich in dieser Tierform in einen See stürzen und ertrinken. Jesus kann nicht Gnade walten lassen, die Dämonen könnten ansonsten wieder Schaden anrichten. Dabei ging man möglicherweise von einem willkürlichen Vorgehen des Teufels oder seiner Helfer aus. In der Vorstellung von einem solchen willkürlichen Handeln unterscheidet sich das Neue von großen Teilen des Alten Testaments (wo der Teufel in Gottes Auftrag tätig wird).

Der Teufel als Person

Die christliche Kirche konzentrierte sich demnach nicht mehr auf das Bild von Satan dem Ankläger, sondern auf die Vorstellung von einem gefallenen Engel, der in seinem Ursprung von Gott geschaffen war. Man nahm an, der Teufel habe sich geweigert, Gott zu dienen. Origenes führt zudem den Missbrauch der von Gott gewährten Willensfreiheit, Ezechiel den Stolz des einstmals strahlenden Cherubs als Gründe für dessen Sturz aus dem Himmel an.

Auch heute noch scheint der Teufel, wie schon angedeutet, für die offizielle katholische Kirche tatsächlich eine real existierende Person zu sein. So schrieb Kardinal Josef Ratzinger im Dezember 2004 für die in Würzburg erscheinende *Deutsche Tagespost:* »... für den christlichen Glauben ist der Teufel eine rätselhafte, aber reale Gestalt, keine symbolische Präsenz.« Auch nachdem er kurz darauf als Benedikt XVI. zum Papst ernannt wurde, blieb er bei seiner Vorstellung vom Teufel als einer existierenden Person. Ebenso wie einer seiner Vorgänger, Papst Paul VI., der während einer Audienz im Jahr 1972 vom Teufel als »Feind Nummer eins« sprach. Wer nach Auffassung der katholischen Kirche nicht an Gott glaubt, der glaubt auch nicht an den Teufel. Der gläubige Mensch müsse sich jedoch dessen bewusst sein, dass der Teufel der Herrscher der Welt sei. Erst am Tag des Jüngsten Gerichts erlebe er seine Niederlage. Bis zu diesem Zeitpunkt habe der Mensch sich noch mit den Versuchungen und Verlockungen seitens des Teufels herumzuschlagen. Die evangelische Kirche gibt sich da etwas fortschrittlicher (und auch gegen-

»Ich bin Papst« –
Alexander VI.
(16. Jahrhundert)

sätzlich); auf der offiziellen Website der Evangelischen Kirche in Deutschland findet sich ein Stichwortregister zu wichtigen Glaubensbegriffen und dort ist im Eintrag unter »Teufel« zu lesen: »Der Glaube an den Teufel bestimmte die ersten Jahrhunderte nach Christus und war vor allem im Mittelalter sehr stark. Selbst der Reformator Martin Luther war sich sicher, den Teufel mit eigenen Augen gesehen zu haben. Heute glauben die meisten Christinnen und Christen nicht mehr, dass es einen sichtbaren und körperlich erfahrbaren Teufel gibt. Allerdings gibt es nach wie vor Böses in der Welt.«

Man kann also sagen, dass der Teufel mit der Zeit geht. Im Altertum agierte er, wie wir gesehen haben, in Gottes Auftrag, später wurde er der Widersacher von allem, was gut und schön ist. Dann machte man ihn zum personifizierten Bösen, dem man die menschlichen Verfehlungen in die Schuhe schieben konnte. Im Mittelalter war er die große Schreckgestalt, mittels derer sich das Volk manipulieren ließ. Heute finden wir den Teufel hinter vielen Masken. Manche alten Bräuche (wie das auf keltischer Tradition basierende Halloween oder die Perchtenläufe in den Alpen) gehören regional wieder zu den Veranstaltungskalendern im Jahreslauf. Touristen, die auf die Insel Lanzarote reisen, begegnen dort etwa auf Schritt und Tritt dem Vulkanteufelchen Timanfaya als unverwechselbarem Symbol des Reisezieles.

Teufelsfiguren im Islam und Buddhismus sowie in anderen Glaubensrichtungen

Iblis ist im Islam der Widersacher der Menschen und ein vom Guten abgefallenes Geistwesen, ein Geschöpf Allahs. Er wird auch Azazil oder Schaitan (Satan) genannt und es gehört zu den Prüfungen der Menschheit, sich für Gott oder eben für Schaitan zu entscheiden. Also ist auch hier der Teufel ein Werkzeug in Gottes Plan und nicht dessen Widersacher oder Gegenpol. Schaitan ist vielmehr der Versucher der Menschen. Er ist so lange für die Menschen gefährlich, wie sie wanken und sich Gott nicht völlig ergeben.

Iblis ist aus rauchlosem Feuer entstanden. Mit Allahs Plan, den Menschen ins Leben zu rufen, ist er nicht einverstanden; als der Allmächtige schließlich den Menschen aus Lehm erschafft, betrachtet Iblis diesen als minderwertig und verwehrt ihm den von Allah geforderten Kniefall. Daraufhin wird er aus dem Himmel vertrieben und bis zum Tag des Jüngsten Gerichtes verflucht. Iblis ist auch fortan der Feind des Menschen, er will ihn verführen und ins Verderben stürzen. Im Koran wird ausdrücklich vor Iblis und den anderen Dschinn gewarnt. Der Teufel könne die Gestalt eines Menschen annehmen und auch als Dschinn auftreten, so heißt es. Er könne vom Körper eines Menschen Besitz ergreifen, wie es in der Bibel auch die Dämonen tun, die Jesus schließlich austreibt.

Muslime, die nach Mekka pilgern, finden dort einen Steinpfeiler, der mit Kieselsteinen beworfen wird. Er gilt als Symbol für den Teufel. Da es im Islam keine Gottesbilder gibt, ist die symbolhafte Darstellung des Teufels als Steinpfeiler bedeutsam und weist auf die Gefahr hin, die von dem Widersacher ausgehen kann. Er wird als ein Wesen betrachtet, das die Menschen auf die Probe stellt. Er ist jedoch nicht der Gegenspieler Allahs, er hat keine Macht über jene, die an Allah glauben; er kann nur die beeinflussen, die sich ihm zuwenden.

Im Buddhismus wird das Prinzip des Unheils als Mara bezeichnet. Mara symbolisiert die leidvolle Welt – Samsara – und gilt als Versucher des Menschen, sodass er mitunter mit dem Teufel im Christentum verglichen wird. Gier, Verblendung/Unwissenheit und Aggression/Hass sind die drei Geistesgifte, die es für den voranschreitenden Menschen zu überwinden gilt. Und mit diesen Giften führt Mara ihn immer wieder in Versuchung. Eine alte Legende erzählt, dass der Buddha Shakyamuni kurz vor der Erleuchtung stand, als Mara all seine Kräfte einsetzte, um ihn davon abzuhalten. Er schickte gewalttätige Krieger, mit denen er sein Opfer wütend zu machen versuchte. Er bot ihm willige schöne Frauen und große Reichtümer. Doch Shakyamuni durchschaute Mara und lehnte auch ab, als dieser ihm den sofortigen Eintritt ins Nirwana in Aussicht stellte. Der Buddha wollte erst Schüler finden, um seine Lehre verbreiten zu können. Daraufhin versank Mara in einer Pfütze.

Manche gnostischen Gruppen verehrten den ihrem Glauben zufolge nach erstgeborenen Sohn Gottes unter dem Namen Satanael. Bei den asketischen slawischen Bogomilen und Euchiten hieß er Luzifer-Satanael. Die Bogomilen glaubten, dass er der Sohn eines guten Gottes gewesen sei, von dem er sich abgewandt habe. Danach habe er die Menschen und die Tiere erschaffen. Allerdings nur deren Körper. Gott sandte einen Lebensfunken auf jeden einzelnen Menschen herab, der zu dessen Seele wurde. Dadurch gehörte der Mensch gleichsam zu Gott und zu Satan. Letzterer trachtet danach, die Menschen in Versuchung zu führen und zu verderben.

Auch die südfranzösischen Katharer sahen den Teufel nicht als negatives Wesen an. Für sie hieß der Sohn des Gottes der Finsternis und Lichtbringer Lucibel. Die Katharer betrachteten die irdische Welt als das Reich des Bösen, quasi als die Hölle.

Noch in vielen weiteren Glaubensrichtungen gibt es das Motiv, dass ein Wesen gegen die Götter rebelliert und in Ungnade fällt. Beispiele dafür sind die Gottheit Loki bei den Germanen oder Prometheus bei den Griechen.

In der Anthroposophie spielen Widersachermächte ebenfalls eine Rolle. Ihr Begründer, Rudolf Steiner, führt aus, dass diese sich zwar dem »schöpferischen Werden« der Welt entgegenstellen, dabei jedoch nicht als böse im absoluten Sinne zu bezeichnen sind, sondern bei der Welten- und Menschheitsentwicklung eine wichtige Rolle spielen. Steiner spricht hier unter anderem von Luzifer, dem roten Teufel, und Ahriman, dem schwarzen Teufel. Während die luziferischen Mächte den Menschen durch sinnliche Begierden versuchen, lassen die ahrimanischen ihn das Materielle für real halten und verschleiern seinen Blick für das dahinter wirkende Geistige.

Der heilige Michael kämpft mit dem Teufel
(Theodor Mintrop, 1814–1870)

Die Gestalt des Teufels: der Gehörnte mit dem Pferdefuß

Wenn der Teufel sogar Gott getrotzt hatte, dann musste sich der kleine Mensch auf der Erde ja wohl besonders vor ihm in Acht nehmen. Auch hatte Satan, so steht es in der Bibel, Jesus gleich dreimal herausgefordert und auch viele Heilige versucht. Angsteinflößend war er auch deshalb, weil niemand ihn wirklich je zu Gesicht bekommen hatte. »Der Teufel kann dir als wunderschöne Frau begegnen«, sagte man, »oder als dein bester Freund, dein Vater, deine Mutter, er kann jede Gestalt annehmen. Er kann sich auch völlig unsichtbar machen.« Das flößte allgemein großes Misstrauen ein, egal gegen wen und was. Wenn man dann noch bedenkt, dass mit der Erbsünde dem Menschen das Böse selbst schon in die Wiege gelegt wurde …

Noch im Alten Testament war es, wie wir bereits gesehen haben, Gott persönlich, der diejenigen strafte, die vom Teufel in seinem Auftrag verführt worden waren und sich von ihm, dem Allmächtigen, abgewendet hatten. Als mit Aufkommen des Christentums versucht wurde, ihn in einen

Die Versuchung des heiligen Antonius (Martin Schongauer, ca. 1445–1491)

liebenden Gott umzuwandeln, musste eine andere Gestalt den Gegenpol einnehmen, eine Art Gegengott darstellen. Und für diesen brauchte man, auch wenn er jede Gestalt anzunehmen in der Lage war, eine passende Optik.

Es war der Kirchenvater Augustinus mit seiner Dämonenlehre, der verschiedene antike Vorbilder in die äußerliche Gestaltung des Teufels einfließen ließ. Rodulfus Glaber, ein burgundischer Mönch, beschrieb im 10. Jahrhundert den Teufel als ein schrecklich anzuschauendes Wesen in Menschengestalt: »Soweit ich erkennen konnte, war es von mittlerer Größe, hatte einen dünnen Hals, ein hageres Gesicht, tiefschwarze Augen, eine runzelige und zusammengezogene Stirn, einen vorspringenden Mund und üppige Lippen, ein schwindendes und sehr schmales Ziegenbärtchen, behaarte und spitze Ohren, die Haare standen ihm wild zu Berge, es hatte ein Hundegebiss, einen spitzen Hinterkopf, eine geschwellte Brust, einen Buckel und bewegliche Hüften, es trug schmutzige Kleidung ...«. Hundert Jahre später zeichnete ein Mönch namens Marcus im Regensburger Schottenkloster die Vision des irischen Ritters Tundal auf. Diese Vision beeinflusste das mittelalterliche Teufelsbild stark: »Es war diese Bestie tiefschwarz wie ein Rabe, hatte von den Füßen bis zum Haupt Menschengestalt, ausgenommen dass sie viele Hände und einen Schwanz besaß. Dieses schreckliche Monster hat nämlich nicht weniger aus tausend Hände, und jede Hand ist etwa hundert Ellen lang und zehn breit; die Nägel sind länger als die Lanzen von Rittern und aus Eisen. Es hat auch einen sehr langen und dicken Schnabel. Und dieses schreckliche Schauspiel liegt flach auf einem Eisenrost, darunter befinden sich glühende Kohlen, die von einer unzählbaren Menge von Dämonen und Blasebalgen angeheizt werden.«

Im Laufe der Zeit entwickelte sich aus diesen Vorstellungen (und anderen, die wir noch betrachten werden) das Bild vom klassischen Teufel, das heute noch Gültigkeit hat. Er trägt auf seinem Kopf spitze Hörner. Seine Haut ist rot oder schwarz und er hat einen langen, dünnen Schwanz und natürlich einen Pferdefuß. So kennen wir ihn. Wir haben ihn alle schon oft gesehen – auf Bildern, im Fernsehen, auf den Außenmauern großer Kirchen und anderswo. Aber er tritt auch in anderer Gestalt auf, denn er kann, wie gesagt, sämtliche Formen annehmen: Er hat die Fähigkeit, sich in Tiere zu verwandeln und in jede beliebige menschliche Person. Manchmal ist er auch unsichtbar und nicht selten schlüpft er in das Innere eines Menschen und hält ihn besetzt – ja, das wird von nicht wenigen auch heute noch geglaubt.

Den Teufel stellte man sich oft als eine Art Ziegenbock mit menschlichen Zügen vor. Symbolisch stand und steht der Bock immer für Lüsternheit und Sünde im Allgemeinen.

Die Etrusker glaubten an einen Unterweltsdämon, den sie Charu nannten. Er besaß eine Nase wie ein Geierschnabel, spitze Tierohren, Hörner auf dem Kopf, großer Hauerzähne, Bocksbeine und Flügel. Auf der einen Seite hatte er einen Pferdefuß, auf der anderen den eines Menschen.

Charu (4. Jahrhundert)

Manche Gemälde zeigen uns den Teufel mit einem zweiten Gesicht auf dem Hinterteil. Man glaubte, dass die Untertanen des Teufels dieses Gesicht beim Treffen mit ihm zu küssen hatten. Dieser Kuss wurde Schandkuss *(osculum infame)* genannt. Auf Holzschnitten zu Dantes *Göttlicher Komödie* ist der Höllenfürst sogar dreigesichtig zu sehen, quasi als Gegenpol zur heiligen Dreifaltigkeit.

In 1. Petr. 5,8 heißt es: »Der Teufel geht umher wie ein brüllender Löwe und sucht, wen er verschlinge.« Auch wird er gelegentlich als Fuchs dargestellt. Ebenso als rotes Eichhörnchen, roter Vogel oder auch als Kuckuck.

Nicht immer war der Teufel den Menschen als furchterregendes Monster erschienen. Durch manche Volkssagen bewegt er sich als unauffälliger Jäger in roter oder grüner Kleidung. Einige mittelalterliche Statuen zeigen ihn uns auch als schönen Fürsten dieser Welt. Schauen wir uns dann allerdings seine Kehrseite an, so sehen wir einen Rücken, der von Schlangen, Kröten und Würmern zerfressen ist.

»Vorläufer« des Teufels

Die Menschen im Mittelalter reagierten sehr oft nicht so, wie wir heutigen es tun. Die allermeisten waren Analphabeten und die Wirkung von Bildern auf sie war stärker als die von Worten. Informationsquellen über das Geschehen in der Welt außerhalb der eigenen Erfahrung gab es im Vergleich zu heute nur sehr wenige. In der Kirche predigte der Priester. Auf Straßen und Plätzen spielten und sangen ab und zu fahrende Musikanten und Gaukler. Am heimischen Feuer berichteten die Älteren von früher oder erzählten überlieferte Volksmärchen, -sagen und -legenden, deren Wurzeln oft in die vorchristliche Zeit zurückreichten. In diesen Geschichten schwangen die alten keltischen und germanischen Traditionen, die durch das Christentum verdrängt worden waren, unterschwellig mit. Das Christentum hatte aus den verehrten Göttern von einst gefährliche Dämonen gemacht, vor denen die Menschen sich fürchten sollten. Und die Dämonen meißelte man in Stein. Die großen mittelalterlichen Kirchen sind heute noch mit schauerlichen Monstern bestückt, mit Drachen, Teufeln, Dämonen. Während Touristen unserer Tage sich die Portale alter Kirchen mit Interesse anschauen, wurden die Betrachter in früheren Jahrhunderten meistens von den steinernen Bildern ab- und aufgeschreckt. Mittelalterlichen Menschen, die keine Bücher kannten und außerhalb der Kirchen nur selten oder meist gar nicht mit Bildern konfrontiert wurden, müssen diese Bildnisse ein Gefühl von Unbehagen vermittelt haben. Die Bibel und ihre Inhalte waren den einfachen Menschen nur schwer verständlich,und die Priester auf den Kanzeln waren meistens nur wenig gebildete Männer, die selten in der Lage waren, sie dafür zu begeistern. Die neue christliche Lehre, die sich im Frühmittelalter ausbreitete, durchaus ja auch mit Zwang, war ihnen in vielen Teilen unverständlich. In manchen Regionen wollten die Menschen inoffiziell nicht von ihren vertrauten alten heidnischen Göttern lassen. Im kollektiven Unterbewusstsein existierten diese weiter. Es entstand eine Subkultur: hier die bunte religiöse Welt der Kelten, Germanen, Römer, Wikinger oder Slawen, die nach wie vor eine wichtige Rolle spielte, dort der rächende, strafende Einzelgott mit seinem angeblich Mensch gewordenen Sohn, der den christianisierten Völkern von außen aufgedrückt wurde. In der Antike war Religion in erster Linie auf das Diesseits bezogen gewesen. Man hatte geglaubt, den Göttern und Geistern im eigenen Umfeld, im Wald, in Haus und Hof, an Flüssen und Quellen, auf Bergen

Un missionnaire du moyen âge raconte qu'il avait trouvé le point
où le ciel et la Terre se touchent...

Weg zum Himmel (19. Jahrhundert)

und Hügeln, begegnen zu können. In der neuen Religion thronte ein göttlicher Alleinherrscher hoch über der Welt im Himmel. Das Böse lauerte tief unten in der Erde, in der Hölle. Gut und Böse hatten das irdische Volk nun im Klammergriff. Wer sich für ein gläubiges und im Sinne der christlichen Kirche gutes Leben entschied, durfte nach seinem Ableben mit einem Platz im Himmel rechnen. Wer dieser Vorgabe nicht folgte, dem drohte die Hinabfahrt.

Die Erde, die im Rahmen der naturnahen Religionen verehrt und geachtet worden war, barg nun etwas sehr Bedrohliches in ihrem Leib, denn dort hockte Satan mit seiner hölli-

Der Teufel zeigt dem Volk eine Frau (Otto Greiner, 1869–1916)

schen Schar. Der neue Einzelgott selbst war zu Lebzeiten für einen Menschen nicht sichtbar, der Himmel hoch und weit weg. Der Teufel aber, der hatte viele irdische Schlupflöcher und konnte hinter jedem Baum lauern. Stellten die alten Religionen in ihrem Kern den oft gelingenden Versuch dar, die Menschen in Natur und Kosmos zu integrieren, teilte das Christentum genau auf zwischen göttlichen und teuflischen Sphären und den bemitleidenswerten menschlichen Kreaturen auf dem Erdboden. Hinzu kam, dass nun verbreitet wurde, der Mensch werde gleich mit einer vererbten Sünde geboren, ob er nun wolle oder nicht. Und die Frauen seien von minderem Rang und von sich aus sündhaft.

Mit der Verbreitung des Christentums begann die Zeit der Verbote, der Schuldgefühle und der Verdrängung. Doch die menschliche Psyche ist schlau. Hatte man ein christliches Gebot übertreten, gab es jetzt ja auch jemanden, den man dafür verantwortlich machen konnte: den Teufel. Es war der Gehörnte, der die Menschen dazu verführte, Dinge zu tun, die einer späteren Himmelfahrt entgegenstanden. Und oft war es auch die Frau, die aufgrund ihrer eigenen Unzulänglichkeit den Mann als das vernünftigere Wesen immer wieder zur Unvernunft drängte, so die allgemeine Überzeugung. Später führte dies dazu, dass es christliche Gelehrte gab, die der Frau gar den Besitz einer Seele absprachen, die das Weibliche als minderwertig bekämpften und damit die Hälfte der Bevölkerung abwerteten. Und böse Taten, zu denen man(n) verführt worden war? Davon konnte man sich reinwaschen (durch Gebete, Askese, etc.) und später auch mit Geld freikaufen. Sollte der Teufel doch kommen mit seiner Manipulation, den Weg ins Paradies vermochte er nicht gleich zu versperren. Mit solchen Versprechungen köderte man die Menschen. Und die alten Götter? Die wurden einfach umfunktioniert: »Eure Vorfahren, die waren den falschen Göttern, den bösen, verfallen. Ihr seid ab jetzt die Generationen, die vom wahren Gott wissen und sich ihm zuwenden können«, so predigten die Missionare. Und wenn man es nicht tat? Dann ging der Blick nach unten. Satan heizte schon das Höllenfeuer an ...

Eine heilkundige Nonne versorgt einen verwundeten Soldaten (Jean-Henri Marlet, 1770–1847)

Die Strafe Gottes und die Welt als Jammertal

Der neue Gott konnte böse werden und strafen. Den Menschen wurde von den Priestern eingeredet, dass die Welt ein Jammertal sei, das Leben nichts als eine Durchgangsstation auf dem Weg hinauf zu Gott. Was man zu fürchten hatte, war nicht der Tod. Jedoch: Wer plötzlich und unverhofft starb und seine begangenen Sünden zuvor nicht mehr einem Mann der Kirche hatte beichten können und sie vergeben bekommen, dem drohte womöglich die höllische Verdammnis oder zumindest das zeitlich begrenzte Fegefeuer. Für nicht wenige Menschen, vor allem in der Mehrheit des gemeinen Volkes, war der Tod mitunter durchaus eine Erlösung von einem Leben, das nicht selten von Krankheiten, Gewalt, Krieg, Hungersnöten und Naturkatastrophen bedroht war. Dass eine Frau oder ihr Kind die Geburt nicht überlebte, war ein alltägliches Begebnis. Die Hälfte aller Kinder erreichte das Erwachsenenalter nicht.

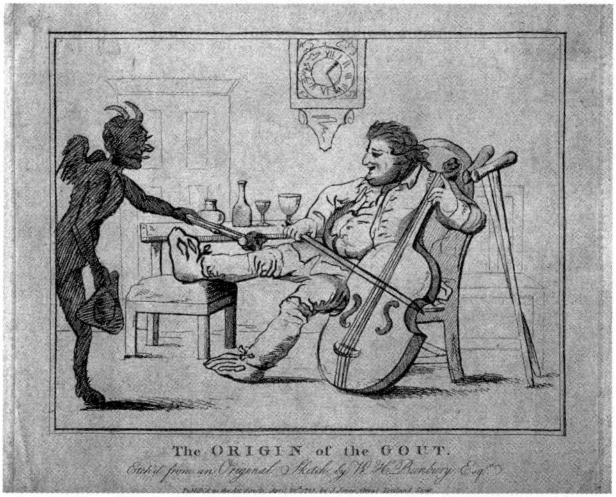

Ein Gichtkranker trinkt Wein und spielt Cello
(Henry William Bunbury, 1750–1811)

Zwar gab es auch bereits im Mittelalter Menschen, die gesund uralt wurden, doch waren sie eher die Ausnahme. Meistens handelte es sich dabei um hochrangige Kirchenmänner oder Mönche und Nonnen in wohlhabenden Klöstern, die vor Mangel- und Fehlernährung und dem Stress des täglichen Überlebenskampfes relativ geschützt waren. Zudem hatten sie über die Klostergärten Zugang zu wirksamer Medizin, im Gegensatz zur großen Mehrheit des Volkes. Medizinische Unter- oder gänzlich ausbleibende Versorgung waren die Norm.

Ärztliches Wissen war sehr beschränkt und in seiner Anwendung für die Patienten eher gefährlich als nützlich. Da war es für die Bewohner von Dörfern besser, wenn sie fähige Kräuterkundige in ihrem Umfeld hatten. Diese praktizierten eine Erfahrungsheilkunde mit mehr Aussicht auf Erfolg. Es gab einige arabische und jüdische Ärzte, die etwas konnten. Allerdings kamen ihre Dienste nur einer zahlungskräftigen Oberschicht zugute. Wer krank wurde, sah sich nicht selten von Gott bestraft oder vom Teufel oder von Dämonen besessen. Dies wurde auch im Falle von Pestepidemien angenommen, denen im Mittelalter Millionen zum Opfer fielen. Die große Pest von 1348/49 raffte fast ein Drittel der europäischen Bevölkerung dahin. Für die Menschen jener Zeit war sie die erlebte Apokalypse.

Teuflische Magenschmerzen
(Honoré Daumier, 1808–1879)

Das letzte Buch des Neuen Testaments wird bekanntlich als »Apokalypse« (griechisch für »Enthüllung«) bezeichnet. Es ist die Offenbarung des Johannes mit der Beschreibung des bald zu erwartenden Weltendes.

Was die Pest betraf, machte man zunächst die Juden dafür verantwortlich, indem man ihnen vorwarf, systematisch die Brunnen vergiftet zu haben. Das führte zu hysterischen Pogromen. Aber die Juden starben selbst auch an der Pest. Also musste die Seuche eine göttliche Strafe sein. Man flüchtete sich in Gebete und Wallfahrten. Überall auf den Straßen sah man Geißlerzüge. Die Teilnehmer dieser Prozessionen schlugen sich öffentlich selbst und fügten sich schwere Schmerzen zu – auf diese Weise wollten sie sich von ihren Sünden reinigen, um von der Peststrafe verschont zu bleiben.

Das Gute und das Böse

Die Philosophen aller Epochen haben sich über die Fragen die Köpfe zerbrochen: Was ist gut, was ist böse? Warum gibt es »das Böse« überhaupt?

Wer an einen personalen Gott glaubt, dem dürfte es auch leichter fallen, an einen personalen Teufel zu glauben. Die alte Geschichte vom Gegenspieler. Hier der liebe Gott, der über allem im Himmel thront, dort der böse Satan, der in der Hölle seine Wohnstatt hat und von dort aus immer wieder mal auf die Erde emporsteigt, um die Menschen in Versuchung zu führen.

Wer ist böse: der Teufel – oder wir Menschen? Auch wenn wir nicht an einen Teufel im christlichen Sinne glauben, sehen wir doch, dass das Böse existiert.

Der uralte sumerische weibliche Dämon Lilith ist heute noch populär und taucht ab und zu in Horrorthrillern auf. Lilith hat keinen festen Wohnsitz und fliegt ruhelos umher. Ihr markantes Markenzeichen ist die vierfache Hörnerkrone auf dem Kopf. Sie hat Krallen wie ein großer Vogel und die Menschen fürchteten sie, weil sie im Verdacht stand, für frühe Kindstode verantwortlich zu sein. Auch sagte man ihr nach, dass sie spielende Kinder hinterrücks erschlage. Jesaja erwähnt sie im Alten Testament. In manchen Übersetzungen wird sie »Nachtgespenst« oder »Nachtschwalbe« genannt. Im Mittelalter trieb Lilith mit ihrem Gatten Samael ihr Unwesen. Das Paar führte eine Schar böser Dämonen an und kämpfte gegen das Gute in der Welt. Eine andere Lilith ist die Frau des Dämons Asmodäus. Und dann ist Lilith natürlich auch der Name der ersten Frau Adams, die sich ihm widersetzte. Später soll sie sogar dem Satan getrotzt haben. Verständlich, dass diese Lilith im Rahmen der weiblichen Emanzipationsbewegung zu einer Symbolfigur wurde. Eva repräsentiert die dem Mann untergeordnete Frau, Lilith verkörpert die Gegenheldin, die weibliche Selbstständigkeit symbolisiert und sich nicht vom autoritären Verhalten des Mannes beeindrucken lässt. Eva steht für Mütterlichkeit, Folgsamkeit und Bescheidenheit. Ein einziger Moment der Schwäche in ihrem Leben genügte, um sich dem männlichen Zorn auf ewig auszusetzen und alle nach ihr geborenen Geschlechtsgenossinnen gleich mit in Sippenhaft zu nehmen. Lilith dagegen darf Sinnlichkeit und Leidenschaft ausdrücken. Goethe lässt sie in seinem *Faust* in der Walpurgisnacht auftreten.

Auffällig an der griechischen Mythologie ist, dass dort viele üble Gestalten weiblichen Geschlechts sind, so etwa Hekate, die Göttin der Magie, Hexerei und der Übergänge. An der Grenze zu Makedonien wohnten die Hexen von Thessalien, die als die Dienerinnen der Hekate galten. Auch sie konnten sich in Tiere verwandeln, so wurde gesagt. Und sie waren ebenso vertraut im Umgang mit Giftpflanzen wie versiert in der Bereitung von Aphrodisiaka. Denn ihre Absicht war es stets, die Männer zu verführen. Lesen wir heute

Oben: *Faust und Mephisto* (John Ashton, 19. Jahrhundert)
Unten: *Dr. Faust geht den Pakt mit dem Teufel ein* (1885)

die Beschreibungen der Häuser dieser Hexen, wie sie sich bei römischen Autoren (beispielsweise bei Apuleius) finden, werden wir an das Hexenhaus im Märchen *Hänsel und Gretel* erinnert. So haben die thessalischen Hexen neben allerlei Gliedmaßen ihrer Opfer auch Süßigkeiten und Gebäck auf Tischen und an Wänden drapiert.

Teuflische Geschöpfe: Fabelwesen, Monster und verteufelte Gottheiten

Fabelwesen, Drachen und Monster

Die mittelalterlichen Meinungen über Fabelwesen und Monster gingen auseinander. Während die einen glaubten, diese Wesen seien Geschöpfe Gottes, die sich von ihm abgewandt hätten, nahmen andere an, sie seien vom Teufel erschaffen worden und stellten mit ihren unheimlichen Kräften eine große Gefahr für die Menschheit dar. Es gab schon lange vor der christlichen Zeit den Glauben an Fabelwesen. In manchen Kulturen galten sie als Gottheiten mit teils tierischen, teils menschlichen Eigenschaften und Körpern. Für die Menschen des Mittelalters waren Fabeltiere Realität. Man glaubte an Mischwesen mit menschlichen und tierischen Körperteilen (Seejungfrauen zum Beispiel) oder an Monstertiere, die so nicht in der realen Natur vorkamen. Und dass diese Individuen ganz real existieren mussten, schienen die zahlreichen steinernen Figuren an den Kirchen und Kathedralen, die im Mittelalter entstanden, zu beweisen. Die Fantasie der Bildhauer und Steinmetze war grenzenlos. Noch heute erstaunen etwa die Wasser speienden Gargoyles an den Kathedralen überall in Europa die Betrachter.

Die meisten Kirchenschriftsteller ließen sich gerne über Fabelwesen, Drachen und Dämonen aus. Damit konnte man den Leuten Angst machen. Und wer Angst hat, folgt leichter den Autoritäten. Bildnisse von Drachen sind die ältesten derartigen Darstellungen. Es gab sie schon in sumerischer Zeit. In Europa wie auch im Orient galt der Drache als gefährlich, als böse und satanisch. In Ostasien ist er dagegen ein Glücksbringer.

Drachen werden meist als Riesenschlangen dargestellt und dies weckt deutliche Assoziationen zum Paradiesthema. Mitunter wurde geglaubt, dass Drachen Opfer forderten. Und manchmal wurden ihnen auch Menschen geopfert. In der christlichen Mythologie wird der Antichrist am Zeitenende in Form eines Drachen zum finalen Kampf antreten und von den himmlischen Mächten besiegt werden.

Basilisken

Ein weiteres, drachenähnliches Wesen ist der Basilisk. Dabei handelte es sich in der grenzenlosen Fantasie des mittelalterlichen Menschen um ein Mischwesen aus Hahn und Schlange, das von Kröten aus Eiern ausgebrütet wird. Basilisken (das Wort geht auf

Basilisk und Wiesel (Wenzel Hollar, 1607–1677)

den griechischen Begriff *basiliskos*, »kleiner König«, zurück) waren der Inbegriff der Sünde und der Wollust. Durch die Jahrhunderte geisterte das Wesen durch die menschliche Fantasie und spielt auch in der heutigen Fantasy-Literatur eine Rolle, so etwa bei *Harry Potter,* wo das Untier in der »Kammer des Schreckens« lauert. Als Symbol stellt der Basilisk die Verkörperung des Bösen dar, auch den Tod und den Teufel. Früher glaubte man, dass der Blick und der Atem eines Basilisken Menschen töten könne. Für diese wiederum ist es nahezu unmöglich, einen Basilisken zu überwinden. Man war sich allerdings sicher, dass Jesus dazu durchaus in der Lage war.

Der Baphomet

Der Baphomet ist eine Figur, die hauptsächlich mit den Templern in Südfrankreich in Verbindung gebracht wird. Den Ordensbrüdern wurde vorgeworfen, sie beteten ein Götzenbild, ebenjenen Baphometen, an, womit diesem eine zentrale Rolle bei den Templerprozessen und der Vernichtung des Ordens zukommt. Ein Bild des Baphometen konnte jedoch nicht gefunden werden und die wenigen Geständnisse, man habe einem solchen gehuldigt, waren unter der Folter erzwungen worden. Der Baphomet wurde beschrieben als Dämon mit gehörntem Ziegenkopf, einem Pentagramm auf der Stirn und weiblichen Brüsten. Vielleicht stammt diese Figur aus altägyptischer Zeit, man weiß es nicht genau. Der Baphomet stellt die Polaritäten der Welt dar, denn er vereint in sich mehrere Gegensätze: Gut und Böse, Frau und Mann, Tier und Mensch, Mensch und Dämon … Als Dämon mit Ziegenkopf wurde der Baphomet im 19. Jahrhundert auch von dem bereits erwähnten Okkultisten Éliphas Lévi präsentiert – eine Darstellung, die gern von späteren Satanisten übernommen wurde. Weitere Ausführungen zu dieser Figur finden sich in dem im Anhang befindlichen kleinen Teufels-ABC.

Baphomet (Éliphas Lévi, 1810–1875)

»Verteufelte« Götter

Wie bereits erwähnt, machte man, als das Christentum in Europa den Platz der alten, naturverbundenen Religionen einnahm, deren Götter vielerorts zu den Teufeln des neuen Glaubens, man »verteufelte« sie kurzerhand.

Das Christentum begann sich Anfang des vierten Jahrhunderts von Rom aus langsam zu verbreiten und es dauerte einige Jahrhunderte, bis die potenziellen neuen Mitglieder der Christenheit missioniert waren. Wenn man bedenkt, dass meistens ganze Gemeinschaften – Stämme oder Völker – dem christlichen Glauben auf Geheiß ihrer Anführer, also ohne persönliche Zustimmung, beitraten, kann man sich vorstellen, dass eine religiöse Umerziehung nicht von heute auf morgen geschah. Da blieb noch Zeit, den alten Göttern zu huldigen, auch wenn dies im Verborgenen zu geschehen hatte. Zudem war das Christentum anfangs eine Stadtreligion. Die Kleriker wohnten in den Städten, hinter sicheren Mauern. Dort wurden auch die prächtigen Kirchen erbaut. Die Priester auf dem Land, die selbst oft gegen ihren eigenen Willen zuvor christianisiert worden waren, kannten die Botschaft, die sie nun zu verkünden hatten, oft nur bruchstückhaft. Was sie vermitteln konnten, war eine sehr reduzierte Lehre, die kaum wirklich überzeugte.

Der Bauer und der Teufel
(Otto Ubbelohde, 1867–1922)

Die Bauern ließen sich den neuen christlichen Glauben zwar »überstülpen« und beteten sonntags in den Kirchen. Auf dem heimischen Hof hielten sie jedoch ihren alten Opferriten die Treue, mit denen sie versuchten, die übernatürlichen Kräfte gnädig zu stimmen, denn von der Natur war man abhängig. Und auch die alten Feste wie die Walpurgisnacht, die die frommen Priester inzwischen zum Hexensabbat erklärt hatten, die Sonnenwende, die Tag- und Nacht-Gleiche, auch die Karnevals- und

Hexen umtanzen den Teufel (um 1700)

Faschingsumzüge, alles blieb erhalten – in christlicher Verkleidung. Neben Pan und Cernunnos gibt es noch einen Dritten, der das mittelalterliche und heutige Teufelsbild maßgeblich mitgeprägt hat.

Im Grunde ließ das Landvolk also lange Zeit nicht von der großen Muttergöttin und von den Naturgöttern ab.

Insbesondere drei solchermaßen uminterpretierte heidnische Gottheiten, die in ihrem Ursprung von den Menschen als gut angesehen und verehrt worden waren, spielen eine Rolle bei der Entwicklung des mittelalterlichen und auch unseres heutigen Teufelsbildes. Diese möchten wir nun betrachten.

Pan, Gott der Natur

Kelten, Germanen, Slaven oder Wikinger, auch Griechen und Römer verehrten wichtige Gottheiten in der Natur. In den düsteren, oft undurchdringlichen Wäldern, die weite Teile Europas bedeckten, fürchteten dagegen die Verkünder des neuen Glaubens Dämonen und böse Geister sehr. Wenn die alten Naturgötter plötzlich zu Dämonen und Teufeln wurden, dann war auch deren Wohnbereich mit äußerster Vorsicht zu betrachten. Die Natur als ursprüngliche Heimat allen Lebens wurde zu etwas, das es zu beherrschen galt, das man sich untertan machen musste.

Mit seinem behörnten Kopf, seinem Schwanz und den Hufen eines Ziegenbocks herrschte Pan über diese Natur und ihre Kräfte, die manchen damaligen Menschen vielleicht als chaotisch, wild und bedrohlich erschienen, immer aber als Teil des großen Gan-

Pan erschreckt zwei badende Frauen (Paul Bürck, 1878–1947)

zen betrachtet wurden, zu dem die Menschen selbst eben auch gehören. In Bezug auf Sexualität und Fruchtbarkeit genoss der flötenspielende Gott hohes Ansehen. Erst die christliche Kirche machte den so wichtigen Herrscher über die Vegetation, den Wald und die dort lebende Tierwelt zu einem satanischen Wesen. Pan als Natur- und Fruchtbarkeitsgott hat die heute noch aktuelle Teufelsvorstellung mitgeprägt. Er besitzt menschliche Gestalt, aber die Füße und den Bart eines Ziegenbocks sowie Hörner auf dem Kopf. Er mag das Geschlechtliche und die Musik, ist selbst ein virtuoser Instrumentalist. Wenn man ihn reizt, kann er sehr wild werden. So wurde gesagt.

Obgleich Pan für das Äußere des Teufels Pate stand, ist er ihm charakterlich kaum ähnlich. Pan neigt zwar in sexueller Hinsicht zum Exzess und hat ein wildes Temperament, aber ansonsten ist er eher friedlichen Gemüts. Vor allem die Hirten in Griechenland verehrten den gehörnten Naturgott. Auf Statuen und Abbildungen trägt er meistens eine typische Panflöte bei sich. Die Griechen wussten, dass Pan Musik, Tanz und ausgelassene Fröhlichkeit mochte, aber auch ziemlich unangenehm werden konnte, wenn man ihn in seiner Mittagsruhe störte. Dann konnte er die Herden auseinandertreiben und wild übers Gelände jagen. Unser Wort »Panik« ist von diesem Treiben des Hirtengottes abgeleitet. Antike Erzählungen berichten davon, dass Pan zum Gefolge des Dionysos gehörte. Dionysos war im griechischen Götterkosmos unter anderem zuständig für alles, was mit Feiern und Trinken zu tun hatte. Pan oblag dabei die Aufgabe, mit seiner Flöte flotte Musik zu spielen. Seine Mutter, eine Nymphe, habe sich nach seiner Geburt angesichts der Ziegenfüße und Hörner ihres Sohnes so sehr erschreckt, dass sie ihn aussetzte, so erzählte man sich. Im Volk war Pan trotz seiner gelegentlichen Wutausbrüche durchaus beliebt. Auch sein Äußeres wurde positiv aufgenommen. Erst mit Ausbreitung des Christentums erhielt er wegen seines Rufs als wollüstiger Naturbursche ein negatives Image. Statuen, die ihn darstellten, eigneten sich für die Männer der Kirche perfekt, um dem Volk zu zeigen, wie der Teufel ihrer Meinung nach aussah.

Ein Ritter kämpft im Wald mit einem grünen Mann
(Hans Burgkmair, 1473–1531)

In dieser Hinsicht erging es Pan nicht anders als ein paar Jahrhunderte zuvor bereits der phönizischen Muttergöttin Astarte, die man ebenfalls in einen Dämon uminterpretiert hatte. Doch obwohl er jetzt als böses Wesen galt, ließ die ländliche Bevölkerung über die Jahrhunderte nicht davon ab, dem Hirtengott die gebührende Ehre zu erweisen. Regional trat Pan auch weiterhin unter verschiedenen Namen auf: in Britannien als Green Man oder Herne, der Jäger, auch als Jack in the Green oder Robin of the Greenwood – das mythologische Vorbild für Robin Hood.

Cernunnos, der gehörnte Gott der Unterwelt

Pan wird zuweilen auch mit dem ursprünglich keltischen und später latinisierten Gott Cernunnos gleichgesetzt. Dieser wird andererseits aber auch mit Dionysos assoziiert.

Der berühmte Kessel von Gundestrup ist eine keltische Arbeit aus der La-Tène-Zeit (zwischen 500 und 100 v. Chr.) und ein wunderbares Zeugnis der damaligen Kunst. Er zeigt zahlreiche mythologische Darstellungen, unter anderem auch das Bild des sitzenden Cernunnos. Seine Position, die der eines Buddhas oder Yogis ähnelt, könnte einigen Forschern zufolge darauf hindeuten, dass die Gottheit vorkeltischen Ursprungs ist, da die Postur an Darstellungen der Induskultur erinnert.

Cernunnus ist der Gott der Natur, der Tiere und der Fruchtbarkeit. Seine Spuren finden sich von Britannien über Gallien, Italien und Spanien bis nach Rumänien. Sein Markenzeichen sind die hirschgeweihähnlichen Hörner auf seinem Kopf. Der Name Cernunnos bedeutet in der Tat auch »der Gehörnte«. Überall auf der Welt haben Völkerkundler Darstellungen gefunden, auf denen Götter Hörner trugen, und sie sehen darin die Attribute eines Naturgottes.

Doch in erster Linie war Cernunnos eine der zentralen Gottheiten der nordischen Kultur. Er vermochte es auch, so glaubte man, zwischen den Welten zu wandeln, und herrschte über die Unterwelt, bei den Kelten auch »Anderswelt« genannt. So verwundert es nicht, dass einige in ihm eine prototypische Gestalt sehen, die den heutigen Vorstellungen vom gehörnten Höllenfürst Pate stand.

Cernunnos ist zudem eines der Vorbilder für den Green Man (den Wilden Mann, das Grüne Gesicht), der in der keltisch inspirierten Literatur seit dem Mittelalter eine große Rolle spielt und als Symbolfigur auch Eingang in die christliche Kirchenarchitektur gefunden hat. Wer ist dieser Grüne Mann? Eine schöne Antwort auf diese Frage liefert uns der britische Autor William Anderson in seinem Buch *Der Grüne Mann – ein Archetyp der Erdverbundenheit:* »Der Grüne Mann steht für das unbezähmbare, durch nichts zu unterdrückende Leben. Wenn man erst einmal auf ihn aufmerksam geworden ist, trifft man überall auf ihn, und er spricht zu einem. Er ist ein Bild aus der Tiefe der Prähistorie: Er taucht auf und scheint wieder zu vergehen; dann tritt er nach langen Abschnitten des Vergessens in vielen Perioden der letzten 2000 Jahre wieder in Erscheinung. Seine Ursprünge sind sehr alt, sie liegen weit vor unserem christlichen Zeitalter. In all seinen Erscheinungsformen ist er ein Sinnbild der Erneuerung und der Wiedergeburt …« Es gibt verschiedene Darstellungen des Grünen Mannes. Die ältesten Formen zeigen einen Männerkopf, der aus einer Blattmaske gebildet wird. Manchmal ist es ein einziges Blatt, manchmal sind es mehrere Blätter, die sein Gesicht formen. Eine zweite Darstellungsweise ist ein Männerkopf, aus dessen Mund, manchmal auch aus den Augen und Ohren, Pflanzen

Blattmaske (Hans Sebald Beham, 1500–1550)

wachsen, die seine Frisur bilden, auch seinen Bart und seine Augenbrauen. Auch er ist ein Mischwesen, er steht für die Vereinigung des Menschen mit der irdischen Vegetation. Gleichzeitig ist er der personifizierte Ausdruck der Naturgesetze. Obwohl die Gestalt des grünen Mannes aus heidnischer Zeit stammt, finden wir sein Bildnis an und in vielen alten christlichen Kirchen. Sein Antlitz ist durch die wechselnden Kunststile hindurch erhalten geblieben. Es findet sich an den Steingebäuden des frühen Mittelalters, der Renaissance, oft auch auf verzierten Jugendstilfassaden prächtiger Bürgerhäuser des ausgehenden 19. Jahrhunderts. Für den Grünen Mann gibt es viele Vorbilder aus der Antike: den griechischen Gott Dionysos, den römischen Bacchus und nicht zuletzt eben auch Cernunnos.

Prometheus, der Feuerbringer

Prometheus, Sohn von Titanen, kam auf die Erde und erschuf dort aus Ton die ersten Menschen, denen dann von der Göttin Athene der Verstand eingehaucht wurde. Prometheus lehrte die Menschen alles, was sie wissen mussten, um auf der Erde gut leben zu können. Zeus und die anderen Götter im Himmel verlangten von den Menschen Verehrung. Einmal sollte nun ein Opferstier zwischen Göttern und Menschen aufgeteilt werden, dabei suchte Prometheus die Götter zugunsten der Sterblichen zu betrügen. Doch Zeus durchschaute die versuchte Täuschung und verwehrte daraufhin den Menschen das Feuer, das sie zur Weiterentwicklung ihrer Zivilisation benötigten. Durch eine List gelang es Prometheus, die Götter auszutricksen und den Menschen dennoch das Feuer zu bringen. Aus Rache schickte Zeus die wunderschöne Pandora auf die Erde – mit einer Büchse, aus welcher alle möglichen Plagen entwichen, die die Menschen mit Unglück und Krankheiten quälten. Prometheus aber wurde zur Strafe im Kaukasus an eine Bergwand gekettet, wo täglich ein Adler seine Leber fraß. Erst 30 Jahre später befreite Herakles ihn und tötete den Adler.

Auch Prometheus hat sich folglich geweigert, dem obersten Gott zu gehorchen. Er ist ein Rebell, genau wie Luzifer. Beide, Prometheus wie Luzifer, bringen den Menschen Schaden, allerdings mit dem gravierenden Unterschied, dass Luzifer dies mit voller Absicht tut, während Prometheus, wie er glaubt, zum Wohl des von ihm erschaffenen Menschen handelt. Er ist kein Menschenfeind, im Gegenteil. Vor den Göttern tritt er als ihr Fürsprecher auf. Er opfert sich, obwohl er selbst ein Gott – ein Titane – ist (dieses Motiv taucht in der Religionsgeschichte wiederholt auf). Luzifer hingegen ist ein Geschöpf Gottes. Was beide verbindet, ist ihr Widerstand gegen die Obrigkeit. Prometheus wie auch Luzifer halten standhaft an ihren Überzeugungen fest.

Prometheus (Pierre Thomas Le Clerc, 1740–1796)

Pan und Cernunnos können als Archetypen für die Teufelsfigur betrachtet werden, zumindest optisch: Sie besitzen Hörner und Hufe. Ein Archetyp ist ein Urbild. Und so wird womöglich ein Mensch ohne umfassendes historisches Wissen und mit christlicher Prägung, wenn er vor einer antiken Pandarstellung steht, beim Betrachten derselben denken, es handele sich um eine Darstellung des Teufels.

Durch das Mittelalter hindurch sahen die einfachen Menschen, die außerhalb der Städte lebten, die Wälder, Gewässer und Berge als von Geistern und Gespenstern belebt an. Auch von Elfen und Feen und Kobolden. Manche dieser Wesen galten als gut, andere weniger. Da man sich ausrechnen konnte, dass sich die Naturgeister nicht freuten, wenn man beispielsweise ihren Wald rodete, wurde versucht, sich mit ihnen zu arrangieren. Dies konnte durch Opfergaben geschehen. Wenn Kirchenmänner in die Natur eingriffen, boten sie den darin wirkenden Wesenheiten einen Kompromiss an. Sie verewigten sie an den Außenfassaden der Kirchen, setzten ihnen dadurch Denkmäler und versuchten so, sie gewogen zu stimmen. Und so sehen wir heute noch viele Bildnisse »wilder Männer« und »wilder Frauen« an christlichen Stätten.

Schamanen

Die Bezeichnung »Dämon« hatte nicht immer eine negative Prägung. Im christlichen Sprachgebrauch steht sie nun für den Teufel und seine Helfer. Im antiken Griechenland dagegen bezeichnete man mit dem Wort *daimon* die aktive Kraft einer Gottheit. Bei Platon waren Dämonen übermenschliche Wesen, die gut oder böse sein konnten und auf einer Stufe zwischen den Göttern und den Menschen standen. Auch der persönliche Schutzgeist eines Menschen wurde als *Daimon* bezeichnet. Allgemein betrachtete man Dämonen als Mischwesen, die teils aus feinstofflichem Äther bestanden, teils aber auch über einen grobstofflichen Körper verfügten. Sie seien, so hieß es, durch menschliches Tun zu beeinflussen. So wurde versucht, sie durch Rituale oder magische Handlungen für bestimmte Zwecke einsetzbar zu machen. Mit Beginn der christlichen Zeit wurden alle alten heidnischen Götter zu bösen Dämonen erklärt.

Im Altertum hatte es Menschen gegeben, die von Berufs wegen mit den Dämonen, Geistern und übersinnlichen Wesen zu tun hatten. All diese Tätigkeiten gehen auf den Schamanismus der ganz frühen Kulturen zurück.

Viele Völkerkundler sind der Ansicht, dass der Schamanismus die älteste Heilungsmethode der Welt ist. Liest man unvoreingenommen in der Bibel, erscheint einem auch das Wirken Jesu als schamanisch.

Noch heute existieren Felsmalereien aus vorgeschichtlicher Zeit, die uns die Schamanen bei der Arbeit zeigen. Diese bestand in erster Linie aus der Reise in die »feinstoffliche Welt«, ins »Jenseits«, in die »Anderswelt« oder wie auch immer man den für uns normalerweise unsichtbaren Seinsbereich, in dem die Schamanen tätig sind, bezeichnen will. Man findet Schamanismus heute nicht nur bei den wenigen noch vorhandenen, abgelegen von der Zivilisation lebenden Naturvölkern, sondern auf allen Erdteilen: Bei den australischen Aborigines ebenso wie bei den indigenen Völkern Nord- und Südamerikas, Afrikas, Asiens und Europas. In Europa sind es die Samen in Skandinavien, die heute ganz offiziell ihr Schamanentum pflegen dürfen, nachdem sie viele Jahrhunderte lang unterdrückt und an der Ausübung ihrer Religion gehindert worden waren. Vor der Ausbreitung des Christentums in Europa hatten vermutlich alle damaligen Völker Schamanen in ihren Reihen, die sich um die Gesundheit ihrer Mitbürger wie auch um religiöse Dinge kümmerten. In der keltischen Kultur waren beispielsweise die Druiden wichtige Stützen der Gesellschaft. Sie waren für das Heilwesen zuständig, ebenso für die Philosophie, die Rechtspflege und die Beratung der Stammesführer. Bei der Beschäftigung mit dem Schamanismus fällt auf, dass sich die Vorgehensweisen der Praktizierenden weltweit und durch alle Zeitalter hindurch ähneln. Der Schamane begibt sich im Rahmen einer Zeremonie in Trance, etwa um die Heilung eines Kranken herbeizuführen. Dies erreicht er entweder durch die Einnahme bewusstseinsverändernder Drogen, durch spezielle körperliche Aktionen (Tanzen, Singen, Trommeln, Drehen, Massagen etc.) oder durch tiefe, meditative Versenkung. Dann reist sein Geist in die jenseitige, andere Welt. Dort sucht er nach Hilfe für den Erkrankten. Sehr oft wird der Schamane bei dieser Reise von Dämonen bedrängt. Aus seiner

»Priester des Teufels« – sibirischer Schamane (Nicolas Witsen, 1641–1717)

Sicht und Erfahrung heraus sind böse Geister oft die Ursache dafür, dass ein Mensch krank wird. Manchmal handelt es sich um Wesen, die den Patienten besetzt halten. Manchmal sind es auch Verhaltensweisen, Gedanken oder charakterliche Eigenschaften des Erkrankten, diese zeigen sich dem Schamanen dann als Wesenheiten und können im Idealfall vom Heiler transformiert werden. Auf diese Weise begreift der Reisende, was bei seinem Patienten zur gesundheitlichen Störung geführt hat. Er kann ihm seine Erkenntnisse mitteilen und Ratschläge für Verhaltensänderungen geben.

Ein typisches Merkmal des Schamanismus ist, dass eine positive, helfende Gestalt – der Schamane – gegen eine oder mehrere negative Kräfte kämpft. Der Dämon will den Kranken in die Dunkelheit ziehen, möglicherweise sogar unter die Erde bringen. Der Schamane versucht, ihn ins Licht zu schicken, in die heilende Erkenntnis. Es ist das uralte Gesetz der Polarität, das hier wirksam ist. Dämonen oder Teufel symbolisieren den dunklen Pol, der Schamane den hellen. Das Böse kämpft gegen das Gute. Es ist nicht die Aufgabe des Schamanen, den dunklen Pol zu vernichten, denn das kann er nicht. Es ist vielmehr sein Ziel, diesen mit dem hellen zusammenzubringen. Der Schamane stellt durch sein Handeln im Idealfall bei seinem Patienten eine Einheit her. Er macht den Kranken, dessen Lebensenergie aus der Balance gefallen ist, wieder »ganz«. Was dabei wichtig ist: Kein Schamane »tötet» die Dämonen, auf die er trifft. Sie sind ihm eher wichtige Informanten, denn auf symbolischer oder intuitiver Ebene erfährt er durch sie, was sein Patient zur Ganzheit, zur Heilung, braucht. Die Dämonen stehen als Sinnbilder für mögliches Fehlverhalten des Kranken oder für Störungen, schadhafte Energien, Belastungen, Behaftungen ... Der Dämon ist das Wesen der Krankheit und man kann ihn nicht einfach vernichten, so als gäbe man heute dem Patienten ein schulmedizinisches Gegenmittel. Bei seiner Reise erkennt ein fähiger Schamane (wie oft auch heutige Heiler), wo das gesundheitliche Problem liegt und wie man es lösen kann. Und der Lösungsweg stellt immer die Herstellung der Einheit, das Zusammenfügen der Pole, dar.

Das menschliche Leben basiert auf der Polarität. Wir alle erleben täglich Tag und Nacht, oben und unten, rechts und links, schwarz und weiß, laut und leise, traurig und fröhlich, gesund und krank etc. Und nur aus der Vereinigung der Gegensätze von Mann und Frau entsteht Leben. Es ist die grundsätzliche Aufgabe des Menschen auf dieser Erde, die Polarität zu überwinden, indem er beide Seiten zusammenfügt. Wenn wir genau hinschauen, erkennen wir als größtes globales Problem immer die nicht überwundene Polarität. Dies zeigt sich vor allem in den großen Spannungen zwischen Ost und West, Nord und Süd, Arm und Reich. Konkreter müsste man sagen, dass nicht die Polarität das eigentliche Problem ist, sondern unser oft blinder, hilfloser Umgang mit ihr. Der falsche Umgang zeigt sich bei einem Blick in die Menschheitsgeschichte: Wenn wir gegen Probleme kämpfen, wachsen diese stark an. In der Politik sehen wir dies täglich. Wenn ein Präsident wie einst George W. Bush gegen den Terror zu Felde zieht, schafft er nur noch mehr Terror, deutlich mehr – wie die Welt heute sehen kann. Die Menschheit vermag einen Pol nicht mit Kampf aus der Welt zu schaffen; sie kann ihn nur verschieben, sodass man ihn weniger gut sieht. Und dann kommt er als Schatten doppelt und dreifach zurück.

Ruediger Dahlke beschreibt dies in seinem Buch *Die Schicksalsgesetze: Spielregeln fürs Leben. Resonanz – Polarität – Bewusstsein* am Beispiel der modernen Medizin: »Der Kampf gegen was auch immer löst nie das zugrunde liegende Problem. Es ist prinzipiell unmöglich, auf diesem Weg irgendetwas aus der Welt zu schaffen. Wir können etwa im allopathischen Kampf gegen Symptome Phänomene beseitigen, aber – wie das Wort schon in aller Ehrlichkeit verrät – dann landen sie nur auf der Seite, was sie eher noch gefährlicher macht.« Und weiter: »Während die Homöopathie mit den Symptomen zu einer Lösung kommen will, was langfristig ungleich mehr Erfolg verspricht, drängt die Schulmedizin die Krankheitszeichen lediglich von der Oberfläche. Aber damit sind sie leider nicht verschwunden, sondern werden meist in der Tiefe nur bedrohlicher.«

Das Jesuskind besiegt den Teufel (Daniel Hallé, 1614–1675)

Schamanen wissen, dass das Böse nicht der personale Teufel, sondern ein verdrängter Seelenanteil des Menschen ist. Dieser wird so lange nicht zur Kenntnis genommen, bis er sich durch eine Störung meldet – sei diese nun körperlicher oder psychischer Natur. Sehr vereinfacht gesagt ist das Gute das Bewusste, das Böse das Unbewusste: Licht hier, Schatten dort. Wenn wir diese Tatsache auf die Teufelsthematik übertragen, macht es sehr viel Sinn, sich mit ihr zu beschäftigen. Schauen wir dem Teufel bewusst ins Gesicht, drängen wir ihn nicht nach unten in die Hölle. Wenn wir erkennen, dass er uns hilfreich ist, verstehen wir auch, warum Mick Jagger für *Sympathy for the Devil* wirbt oder Wolfgang Niedecken singt, dass der Mensch vom Teufel oft gespiegelt wird. Dr. Dahlke drückt dies mit seinen Worten so aus: »Licht und Schatten sind die beiden Seiten einer Medaille, die wir selbst prägen.«

Dämonen

Das offizielle Christentum verteufelt das Böse. Wie manch andere Religion auch, hat es mit wachsender Macht viel mehr Wert auf die Betonung des Guten, des Lichts, gelegt und dabei eine sehr schattenvolle Seite seiner selbst heranwachsen lassen. In spirituellen Traditionen, in denen die Arbeit am und mit dem Schatten eine wichtige Rolle spielt, vermeidet man dies. Aus diesem Grund hatten beispielsweise die Templer ihren Baphometen, den sie mit Respekt achteten, obwohl er nach außen hin eine teuflische Gestalt darstellte. Aber zur Beschäftigung mit den Polaritäten war er wichtig.

Aus dem Alten Testament erfahren wir, dass die Dämonen die gefallenen Engel sind. Jene, die sich auf der Erde mit Frauen vergnügten, wozu der Teufel sie angestiftet hatte. Im Laufe der Zeit wurde die Schar der Dämonen immer größer. Dass sie Menschen besetzen und damit körperliche und psychische Störungen hervorrufen können, dessen war man sich in alter Zeit sicher. Die Dämonen gelten demnach als feinstoffliche Wesen, die Wunder vollbringen können und die Menschen zu schlechten Taten verführen. Auch gingen weltliche Katastrophen wie Unwetter, Überschwemmungen oder Missernten auf ihr Konto.

Das Reich der Dämonen ist nach fachmännischer Meinung hierarchisch und geografisch gegliedert. Michael Psellos etwa, ein Neuplatoniker, hat im 11. Jahrhundert eine solche Einteilung festgehalten. In der obersten Ebene finden sich die Luftdämonen, ihnen schreibt man das Entstehen von Wetterkatastrophen zu. Auf der zweiten Ebene sind die dämonischen Erdbewohner ansässig. Sie leben auf oder knapp unter der Erde, haben Macht über das Feuer und können Erdbeben auslösen. Dämonen im Wald vermögen Wanderer dazu zu bringen, sich zu verlaufen. Die Dämonen im Wasser lassen das Land überschwemmen, Sturmfluten entstehen und Schiffe kentern. Nachtdämonen erscheinen in der Dunkelheit und bringen manchen Menschen den Tod. Die Feuerdämonen warten auf den Jüngsten Tag, an dem sie aktiv werden.

Geister und Dämonen gilt es zu unterscheiden. Zwar haben auch die Geister keinen grobstofflichen Körper. Es handelt sich dabei aber fast immer um die Seelen von verstorbenen Menschen oder Tieren, so heißt es. Viele Spukerscheinungen gehen auf sie zurück. Überall auf der Welt gibt es Menschen, die versuchen, in Kontakt mit den Geistern zu treten. Meistens geschieht dies mithilfe spiritistischer Techniken (medialer Trance, automatischem Schreiben, Tische- oder Gläserrücken, einer Kristallkugel, einem Quija-Brett etc.). Geister können sich, so glaubt man, aber auch von sich aus bemerkbar machen, zum Beispiel durch Klopfgeräusche.

Im antiken Griechenland verbreiteten die Lamia oder Lamien, auch Empusen genannt, Furcht und Schrecken. Sie waren die Vorläufer unserer heutigen Vampire und gingen in den griechischen Volksglauben ein. Sie vermögen sich, so sagt man, in wunderschöne

»Lamia« aus »The History of Four-footed Beasts«
(Edward Topsell, 1572–1625)

Frauen zu verwandeln, die sich an junge Männer heranmachen, um sie mit ihrem Aussehen zu blenden und zu verführen. Sie können aber auch als männliche Gestalten auftreten und das Spiel dann andersherum aufziehen. Im Gegensatz zum griechischen Blutsauger Wrukolakas, einem Vorläufer unseres Grafen Dracula, sind sie jedoch nie Menschen gewesen, die durch einen Biss verwandelt wurden.

Angesichts all der genannten Schreckgestalten und des Treibens des Teufels in Person – wie kann man sich da bloß vor dem Bösen schützen? Dieser Frage wollen wir nun nachgehen.

Schutz vor dem Bösen

Wie man sich vor dem Bösen, vor dem Teufel, schützen kann, ist eine Frage, die sich die Menschen zu allen Zeiten gestellt haben. Eine oft angewendete Methode ist die Magie. Magie stellt den Versuch dar, die Naturgesetze zu manipulieren. Magische Techniken und Zaubersprüche haben seit dem Altertum dazu gedient, den Lauf der Dinge zu beeinflussen. Einer der Vorteile, den sich die Anwender davon versprechen, ist Schutz vor dem Teufel und anderen bösen Mächten. Magie soll auch die Kommunikation und das Zusammenwirken mit der Anderswelt ermöglichen. Je nach Motivation des Praktizierenden kann dies im Guten oder im Schlechten geschehen. Überzeugte Christen betrachten Magie vermutlich schnell als teufelsnahes Werk, denn so lehrt es ihr Glaube. Die katholische Kirche predigt oft und gerne vom Wirken des Teufels (der ja, wie schon gesagt, nach offizieller Lehrmeinung tatsächlich als Person existiert). Aus diesem Grund werden auch unserer Tage noch Exorzisten ausgebildet und beschäftigt. Ähnlich wie manche heutigen Katholiken es tun hielt man auch in früheren Gesellschaften die Welt der Geister und Dämonen für real. Man fürchtete die Macht der anderen Seite und hatte deshalb stets darauf zu achten, dass man sie nicht gegen sich aufbrachte. Diese Aufgabe wurde an Spezialisten übertragen.

Im Zusammenhang mit der Arbeit von Schamanen, Medizinmännern oder -frauen, Zauberern oder Seherinnen war die Magie ein Bestandteil der Religion. Von den Magiern der Antike wurde geglaubt und erwartet, dass sie die Dämonen und Teufel beherrschten. Ab Beginn des Mittelalters wendete sich das Blatt, zumindest in Europa. Magier und vermeintliche oder echte Hexen wurden durchweg als Diener des Teufels betrachtet. Beim Hexensabbat, so glaubte man, vereinigten Letztere sich mit den Dämonen der Hölle.

Hexensabbat (Louis Le Breton, 1818–1866)

Kulte und Druiden

Im alten Rom mit seiner Feierfreudigkeit kam es irgendwann in Mode, zu Ehren des Weingottes Bacchus feuchtfröhliche Feste zu feiern. Bemerkenswert an diesen Feierlichkeiten ist, dass sie zunächst nur von Frauen für Frauen veranstaltet wurden. Bald kam man allerdings auf die Idee, auch Männer dazu einzuladen, und da wurde dann nicht nur getanzt und getrunken. So entwickelte sich ein Fruchtbarkeitskult, um den schnell die wildesten Gerüchte kursierten. Anhänger der sogenannten Bacchanalien wurden verfolgt, viele richtete man hin. Ähnlich erging es den Teilnehmern und Priesterinnen des Kybele-Kultes, der aus Asien nach Rom gekommen war.

Bacchanten (Hans Thoma, 1839–1924)

Viel schlimmer war allerdings in den Augen so manchen Römers das Treiben, das man den frühen Christen unterstellte: Angeblich beteten sie den Kopf eines riesigen Esels an, opferten bei ihren Messen kleine Kinder und widmeten sich danach dem rituellen Inzest.

300 Jahre später wurde genau diese christliche Kirche zur religiösen Hauptinstanz in Rom. Von den schlimmen Taten wie Kindsmord, Kannibalismus, sexuellen Perversionen und anderen Dingen, die man den frühen Christen dort einst nachgesagt hatte, war nun keine Rede mehr. Allerdings gerieten die alten Vorwürfe nie ganz in Vergessenheit. Jahrhunderte später wurden sie von der christlichen Kirche auf andere übertragen, die man nun seinerseits verfolgte: auf Häretiker – Ketzer –, Andersgläubige und vor allem auf die vermeintlichen Hexen, denen man vorwarf, Gespielinnen des Teufels zu sein.

Es war der Apostel Paulus gewesen, der Vater und quasi Erfinder des christlichen Glaubens in seiner heutigen Form, der mit seinem ersten Brief an die Korinther den Stein ins Rollen gebracht hatte. Darin stellte der fantasiebegabte Apostel die Götter der antiken Kulturen Griechenlands und Roms mit Teufeln und Dämonen auf eine Stufe. Und damit meinte Paulus nicht nur die dunklen Götter, sondern auch die zumeist wohlwollenden.

Als zwischen dem vierten und dem elften Jahrhundert der größte Teil Europas christianisiert wurde, galten die alten Religionen (beispielsweise die der Kelten, Germanen, Slawen oder Wikinger), die allesamt schamanische Elemente in sich trugen, als teuflisch. Man setzte sie mit der dunklen Magie gleich. Die Auslöschung bewährter Praktiken und Glaubensformen funktionierte allerdings nur oberflächlich, das Volk hielt an diesen dennoch weiterhin fest. Den Kirchenmännern blieb also nichts anderes übrig, als die alten Riten, Götter und Kultplätze im christlichen Sinne umzudeuten. Volksbräuche mit Ursprüngen in den alten Religionen erhielten einen christlichen Anstrich und konnten auf diese Weise weiter gepflegt werden, etwa um teuflische Mächte abzuwehren oder Heilung herbeizuführen.

Hexen tanzen mit Teufeln (1720)

In den Jahrhunderten vor der Christianisierung waren weite Teile Europas von der keltischen Kultur und ihrer praktischen Religion geprägt gewesen. Im Gegensatz zum Christentum mit seiner sehr männlich-patriarchalen Ausrichtung hatten die keltischen Kulte und Religionen viele weiblich-matriarchale Züge. Als Druidin, Heilerin, Hebamme, als Priesterin, Seherin, Musikerin, als Lehrerin – auf vielfältige Weise spielten Frauen eine wichtige Rolle in den wesentlichen Bereichen des Alltags. Keltische Frauen waren im Vergleich zu ihren mittelalterlichen Nachfolgerinnen viel eigenständiger. Das passte den Anführern der neuen Religion nicht ins Konzept. Als einfachster Weg, ihre eigenen Vorstellungen durchzusetzen und zu etablieren, erschien ihnen die Verteufelung des Weiblichen. Bei den Kelten hatte es eine spirituelle Elite gegeben, bestehend aus Druiden und Druidinnen. Sie waren PriesterInnen, MedizinerInnen, DichterInnen und DenkerInnen, auch RichterInnen und BeraterInnen der Anführer einzelner Stämme gewesen. Hauptsächlich aber waren sie SchamanInnen. Als solche suchten sie den Kontakt zu der vielgestaltigen keltischen Anderswelt und erhielten ihn aufrecht. Nachdem große Teile Europas unter die Herrschaft der Römer geraten waren, wurde das Druidentum offiziell abgeschafft.

Die Druiden und Druidinnen wurden als heidnische Zauberer und Teufelsbeschwörer abgetan und nicht länger geduldet. Das heißt jedoch nicht, dass ihr altes Wissen um schamanisches Reisen und Heilen von heute auf morgen von der Bildfläche verschwunden wäre. Es blieb vielmehr im Verborgenen erhalten und wechselte nur das Gesicht.

Britannischer Druide (17. Jahrhundert)

So mancher Mann, der in keltischer Zeit vielleicht ein geehrter Druide geworden wäre, entschied sich nun für den Priesterberuf und verband seine natürlichen spirituellen Fähigkeiten mit dem offiziellen Amt des christlichen Seelsorgers. Frauen, die für die Arbeit der Druidin befähigt gewesen wären, wurden jetzt vielleicht Hebammen oder Kräuterkundige oder einfach weise Frauen, wie es sie wohl in jedem Dorf gegeben hat.

Anfangs, im ganz frühen Mittelalter, drohte den weisen Frauen auch noch nicht die Gefahr, als böse Hexe und Teufelsdienerin diffamiert zu werden. Wie in jeder Epoche gab es allerdings auch damals schon den Gegenpol dazu: die Zauberin oder den Magier mit unredlichen Absichten, die gegen Bezahlung anderen Menschen Schaden zuzufügen versuchten. Die weisen Frauen jedoch, und auch die Hebammen, waren für ihre Mitmenschen zu Beginn des Mittelalters ganz wichtige Helferinnen in der Alltagsbewältigung, beim Kinderkriegen und -verhüten wie auch beim Heilen und Pflegen. Ähnlich war die Situation bei den Germanen.

Hexen

Bleiben wir noch einen Augenblick bei den weisen Frauen des Altertums. Denn sie sind die Vorläuferinnen der Frauen, die später als Hexen angesehen wurden. Die Prophezeiungen der germanischen Walas oder Völvas – dies waren besonders hoch geachtete Heilerinnen und Seherinnen – hatten oft Einfluss auf politische Entscheidungen. Sie begaben sich in Trance und riefen die Geister an, während andere Frauen um sie herum im Kreis saßen und magische Lieder sangen. Die große Heilgöttin bei den Germanen war Freya. Als Seidfrauen wurde eine Art Pharmazeutinnen bezeichnet, die Arzneimittel herstellten und in heiligen Kesseln magische Tränke brauten.

Die germanischen Heilerinnen wurden Lachsnerinnen genannt. Sie sangen Zauberlieder, die eine Heilung bringende Schwingung erzeugten, wussten um die Kraft der heilenden Pflanzen und wie man sie freisetzte. In der altnordischen und germanischen Tradition gab es die Hagazussa, die Zaunsitzerin, die weise Frau, die außerhalb des aus Hecken bestehenden Zauns, des Hags, der die Dorfgemeinschaft schützte, lebte und – auf dem Zaun, der Schwelle, zwischen zwei Welten sitzend – als Priesterin und Heilerin agierte. Die Hagazussa befindet sich also an einer Grenze: mit einem Bein im Dies- und dem anderen im Jenseits. Dies ist ein deutlicher Hinweis auf einen schamanistischen Ursprung. Schamanen gelten seit vorgeschichtlicher Zeit als Pendler zwischen den Welten. Im Altertum wurde der Begriff »Schamane« neutral verwendet. Man bezeichnete damit Menschen, die besonderes Wissen oder als übersinnlich empfundene Fähigkeiten besaßen. Wie die Hagazussa: Sie setzte magische Pflanzen zielgerichtet zur Heilung ein: Sie konnte damit Schlaf erzeugen oder das Tor zur Anderswelt aufstoßen. Sie konnte mithilfe der Pflanzen sogar töten. Das flößte den anderen Menschen großen Respekt ein. Das althochdeutsche Wort *hagzissa* oder *hagazussa* wurde auf Mittelhochdeutsch schließlich zu *hecse*. Aus der Hagazussa machte man die Hexe, die sich regelmäßig mit dem Höllenfürsten ein Stelldichein gab.

Der negativ behaftete Begriff »Hexe« taucht erst in Gerichtsakten des späteren Mittelalters auf. Das älteste erhaltene Dokument, in dem von »Hexerey« die Rede ist, stammt aus der Schweiz und dem Jahr 1419. Das englische Wort *witch* entstand aus dem angelsächsischen *wicca/wicce* (SeherIn) und *wizard* (Zauberer) hat seinen Ursprung im normannischen Begriff *wischard* (Scharfsinniger). Aus dieser Wurzel haben sich auch die heutigen englischen Wörter *wit* (Verstandeswitz) und *wisdom* (Weisheit) abgeleitet.

In vorchristlicher Zeit zog man um religiöse Kultorte einen Bannkreis in Form einer Hecke. Sie war die Trennlinie zwischen der diesseitigen und der jenseitigen Welt. Die keltischen und germanischen Schamaninnen als Vorläuferinnen der vermeintlichen Hexen konnten zwischen beiden Welten vermitteln, zwischen den grobstofflichen und den feinstofflichen Bereichen. Sie besaßen ein für die Gesellschaft wichtiges Wissen, hatten heilende Fähigkeiten und waren bei ihren Mitmenschen hoch angesehen.

Man setzte voraus, dass die guten Eigenschaften der großen Muttergöttinnen Brigid (bei den Kelten) und Freya (bei den Germanen) auch ihnen zu eigen waren. Es ist katastrophal, dass aus den Frauen, die ein besonders Wissen hatten, die vielfach Priesterinnen waren, später genau das Gegenteil gemacht wurde. Die heidnischen Lehren und Praktiken, wichtige kulturelle, religiöse, medizinische und gesellschaftliche Elemente, wurden mit der Ausbreitung des Christentums dämonisiert. Die späteren Hexenverfolger, Inquisitoren und Richter nahmen den Bibelspruch »die Zauberinnen sollst du nicht am Leben lassen« als Rechtfertigung für ihr Tun.

Und was wären die Hexen ohne den Teufel? Zumindest in der Vorstellung vieler mittelalterlicher Menschen und in den ersten zwei Jahrhunderten der Neuzeit gehörten Hexen und Teufel im allgemeinen Bewusstsein zusammen.

Ab dem späten 13. Jahrhundert entwickelte sich der Glaube, dass die Hexen mit dem Teufel sexuellen Kontakt hätten beziehungsweise dass der Teufel sich in Frauengestalt verwandelt, um Männern zu nahe zu kommen.

Die Walpurgisnacht, das große Teufels- und Hexenfest

Eine Hexe mit Kind reitet auf einem Ziegenbock (Louis Le Breton, 1818–1866)

Das keltische Wort *beltane* bedeutet »Leuchtendes Feuer«. Das Beltanefest wird in der Nacht zum 1. Mai gefeiert. Im Schein eben des leuchtenden Feuers wurde bei den Kelten zu Trommelrhythmen wild getanzt, man trank Bier – und wenn Männer und Frauen gemeinsam feierten, konnte es schnell geschehen, dass man auch für einander entflammte. Aus diesem alten Fruchtbarkeitsfest entstand im Mittelalter die Walpurgisnacht.

Der heutige Brauch des Maibaumaufstellens, den wir noch in manchen Regionen kennen, ist ein Überbleibsel der alten keltischen Beltanetradition. Der zuvor gefällte Maibaumstamm wird mit Fruchtbarkeitssymbolen wie beispielsweise bunten Eiern und einem Kranz aus frischem Grün geschmückt. Der Baumstamm symbolisiert die göttliche, phallische Kraft, die von oben in die aufnehmende Mutter Erde gelangt, denn sie soll bald schon reife Früchte tragen.

Hinsichtlich der Walpurgisnacht zeigt sich wie so oft der Versuch seitens der Kirche, ein altes heidnisches Fest zu christianisieren. Walpurga war eine germanische Seherin und Schamanin, ihr war diese Nacht gewidmet. Das althochdeutsche Wort *wala*, das in diesem Namen steckt, bedeutet »Zauberin« oder »Schamanin«.

Walpurgisnacht
(Johannes Praetorius, 1630–1680)

Bei den Kelten, den Germanen und auch noch im frühen Mittelalter war die Nacht der Walpurga diejenige, in der der Vorhang zwischen der Anderswelt und der der Menschen viel durchlässiger ist. Geistige Wesen hatten es einfacher, zu den Menschen zu gelangen. Und damit waren keine bösen Teufel gemeint, sondern gute Geister.

Die Christen brachten Walpurga jedoch mit einer Heiligen namens Walpurgis in Verbindung, was sich klanglich natürlich anbot. Die heilige Walburga oder Walpurgis wurde etwa um 710 in England geboren und starb gegen Ende des achten Jahrhunderts als Benediktiner-Äbtissin im bayerischen Heidenheim. Sie wurde 870 heiliggesprochen, am 30. April. Die Nacht vom 30. April auf den ersten Mai erklärte Johann Wolfgang von Goethe in seinem *Faust* zur Walpurgisnacht. Wir können davon ausgehen, dass er die alten Mainachtbräuche kannte.

Hexen und Teufel treffen sich immer freitags, so glaubte man im Mittelalter. Und außerdem noch an speziellen Feiertagen. Diese waren vom Datum her identisch mit den alten keltischen Festtagen wie Yule (Wintersonnenwende um den 21. Dezember),

Imbolc (Lichtfest und Orakeltag am 2. Februar), Ostara (Fest der Fruchtbarkeit um den 21. März), Litha (Sommersonnenwende um den 21. Juni), Lughnasad/Lammas (Erntefest am 1. August), Mabon (Herbstanfang um den 21. September) und Samhain (Totenfest am 31. Oktober). Jeweils in den Nächten vor diesen Festtagen sollen sich die Hexen mit dem Teufel und seinem Höllenvolk auf ihren Tanzplätzen getroffen haben.

Das hebräische Wort *Schabbat* stand Pate für den Begriff »Hexensabbat«. Im Judentum ist der Sabbat der Ruhetag am Ende jeder Woche. Auch den Juden unterstellte man im Mittelalter häufig Schadenzauberei und Teufelsanbetung, um auf diese Weise Verfolgungen rechtfertigen zu können, ebenso wie den religiösen Gruppen der Katharer, Bogomilen oder Waldensern Pakte mit dem Teufel und entsprechende Rituale vorgeworfen wurden. Erst in den Zeiten nach den Häretikerverfolgungen wurde die Vorstellung von gefährlichen und geheimen Zauberersekten auch auf diejenigen, die man nun als Hexen verfolgen wollte, projiziert.

Der Teufel freut sich über Hexen,
die auf ihren Besenstielen zur Walpurgisnacht fliegen
(Richard Girling, 1799–1869)

Hexen fliegen zum Treffpunkt, um dort eine Orgie mit dem Teufel zu feiern. Ihm haben sie ihre Körper und Seelen verschrieben. In der Zeit zwischen den geheimen Treffen beschäftigten sie sich mit vielerlei Arten von Schadenzauber. Genau das waren die Punkte, die man den vermeintlichen Hexen etwa ab der Zeit um 1430 gezielt vorwarf.

Man glaubte an einen Teufelspakt, an die Benutzung von Hexensalbe und Kannibalismus. Andere Texte aus jener Zeit erwähnen dann auch das Nachahmen kirchlicher Rituale und sexuelle Orgien. Die Angst vor Magie, Geistern und Dämonen, vor dem Teufel und allem Übersinnlichen, führte zur Verfolgung von als Hexen Verdächtigten, hinzu kamen aber auch Verschwörungstheorien, die herhalten mussten, um Menschen aus dem Weg zu schaffen, etwa Gläubiger oder berufliche Konkurrenten. Ebenso wird Rache ein Motiv für Denunziationen gewesen sein. Nicht vergessen dürfen wir auch religiöse Verwirrungen und Fanatismus.

Die Frage, ob man an einem Hexensabbat mit dem Teufel teilgenommen habe, tauchte in den Hexenprozessen sehr oft auf. Meistens unter der Folter nannten die Beschuldigten dann andere, die sie beim Hexensabbat gesehen haben wollten. Die Folge war dann eine Kettenreaktion aus Beschuldigungen.

Im Jahr 1451 werden in einer Schrift des französischen Klerikers Martin le Franc nur noch weibliche Hexen als Teilnehmerinnen der Treffen mit dem Satan erwähnt. Le Franc wusste auch zu berichten, was die Hexen – ganz Frauen – als Transportmittel benutzten, nämlich Besen.

Hexen fliegen. Der Hexenflug ist eine Anspielung auf die schamanische Reise. In Wirklichkeit sind echte Hexen nie auf einem Besenstiel oder einer Mistgabel durch die Luft gereist. Die schamanische Reise geht innerlich vonstatten. Nicht der Körper fliegt, sondern der Geist der Hexe, vielleicht auch die Seele.

Wir alle kennen vermutlich Flugträume. Und die meisten von uns werden schon einmal die Erfahrung gemacht haben, dass man schläft und im Traum weiß, dass man gerade träumt. Solche Ereignisse werden Klarträume genannt. Sie haben den Vorteil, dass wir aktiv in das Traumgeschehen eingreifen können. Wir sind dann, wenn wir uns dessen bewusst sind, in der Lage, den Traum zu lenken und mit anderen, die uns in diesem Traum begegnen, zu kommunizieren.

So ähnlich kann man sich eine schamanische Reise vorstellen. Mit dem Unterschied, dass eine derartige Reise vom Schamanen gezielt angetreten wird, während der Traum eher zufällig geschieht. Obwohl … auch wir können gezielt klarträumen und sind damit gar nicht mal so weit entfernt von den Schamanen und Hexen. Wir können unser Ziel selbst bestimmen und das kann durchaus auch der Blocksberg sein. Natürlich lassen sich Hexenflüge einfacher bewerkstelligen, wenn man das passende Hilfsmittel dazu hat. Bei den Hexen war dies, neben den Besen und anderen Fluggeräten bzw. -wesen, die legendäre Flugsalbe. Sie bestand aus Pflanzenextrakten mit bewusstseinsverändernder Wirkung, die über die Haut aufgenommen wurden.

Etwa ab dem 9. Jahrhundert übertrug die weltliche Macht die Ausforschung magischer, zauberischer, ketzerischer und hexerischer Aktivitäten auf die Kirche, die sich auf die römische Kaiserzeit berief, in der gegen Zauberer die Denunziationspflicht gegolten haben soll.

Bis 1233 schufen die Päpste Innozenz III. und Gregor IX. die Grundlagen für die Inquisition. In erster Linie ließen sie den Abfall von Glauben und Ketzerei verfolgen.

Ungefähr ab dem Jahr 1400 veränderte sich der Blickwinkel der Inquisitoren auf das vermeintliche Hexentum, das in Zeiten von politischer Unsicherheit und realer wie irrealer Ängste willkommene Möglichkeiten für Projektionen und Abreaktionen bot.

Herstellung der Hexensalbe (16. Jahrhundert)

Die Merkmale einer Hexe

Bald hatte man Merkmale herauskristallisiert, anhand derer die Theoretiker die Hexen erkennen wollten. Dazu gehörten der Hexenflug auf Stöcken wie Besenstielen oder Mistgabeln, auf Tieren (Vögeln), auf Dämonen oder mit Hilfe von Flugsalben; des Weiteren die Zusammenkunft mit dem Teufel und anderen Hexen beim sogenannten Hexensabbat, der Pakt mit dem Teufel sowie sexueller Verkehr mit ihm und schließlich der Schadenzauber. Dadurch rückten viele Menschen, vor allem in den ländlichen Regionen, ins Visier möglicher Verfolger.

Die Erbsündenlehre der Kirche verkündete, dass Frauen besonders empfänglich seien für teuflische Einflüsterungen. Schriften des späten Mittelalters, die sich mit dem Hexenwesen beschäftigten, machten die Leser glauben, Frauen seien von Natur aus schlecht. Man hielt Hexen zwar für Einzeltäterinnen in ihrem engen Umkreis, nahm aber an, dass sie

Teil einer großen, vom Teufel geleiteten Verschwörungsgemeinschaft seien. Diese Hexensekte bedrohe, so glaubte man, die gesamte Christenheit. Was man fürchtete, war gar nicht einmal so sehr der Schaden, den diese anrichten könnte, sondern in erster Linie der Abfall vom christlichen Glauben und die Hinwendung zum Teufel. Die Kirche selbst sah sich in Gefahr und ging gegen diejenigen, die sie für ihre Gegner hielt, mit Gewalt vor.

In der Kirche des frühen Mittelalters war man noch verschiedener Meinung über die Hexerei gewesen. Der Philosoph und Kirchenlehrer Augustinus hatte im 5. Jahrhundert die Meinung begründet, dass Menschen von sich aus nicht zaubern könnten und nur durch eine konkrete Einladung des Teufels dazu in die Lage versetzt würden. Andere Kirchenvertreter waren hingegen der Ansicht, man solle die kräuterkundigen weisen Frauen eher mit Nachsicht behandeln, denn Zauberei sei de facto nicht möglich und einfach nur Einbildung. Doch die Lehrmeinung des Augustinus setzte sich durch, auch wenn es noch fast ein Jahrtausend dauern sollte, bis Hexen organisiert im großen Stil verfolgt wurden. Im 15. Jahrhundert, dem letzten des Mittelalters, hatte sich dann die Lehre vom Pakt mit dem Teufel manifestiert.

Die Vorstellung davon, dass eine große Hexensekte existierte, deren Mitglieder regelmäßig zusammentrafen und die Weltherrschaft planten, war allgemein verbreitet. Dies führte zum Aufkommen einer regelrechten Hysterie. Beschuldigungen, Folter und Hinrichtungen waren die Folge.

Man kann heute nur schwer sagen, ab wann genau Hexen und Zauberer gezielt verfolgt wurden. Schon Bischof Gregor von Tours (ca. 540 bis 594) erwähnt in seinen Aufzeichnungen Todesurteile gegen Hexen. Sein Amtskollege Burchard von Worms berichtet zwar davon, dass es den Glauben an Hexenflüge, Dämonen und Wettermacher zu seiner Zeit gab, lehnte diesen selbst jedoch ab.

Die Zeit der Inquisitoren begann im 13. Jahrhundert. Die Inquisition richtete sich zunächst gegen den Abfall vom orthodoxen Glauben, gegen Häretiker. Die Inquisitoren wurden vom Papst ernannt, sie hatten völlig freie Hand, um Verdächtige zu verfolgen und gegen sie zu ermitteln. Ketzern unterstellte man unter anderem Götzenanbetung und da war der Weg nicht weit bis zum Vorwurf, sich mit dem Teufel einzulassen und ihm zu dienen.

Großen Einfluss hatten auch die Meinungsbildner. Der Philosoph und Theologe Thomas von Aquin (1225 bis 1274) glaubte fest an die Existenz von männlichen und weiblichen Dämonen, die auf die Menschen Einfluss nahmen, und natürlich an den Teufel als obersten Höllenfürsten. Er erachtete die Exkommunikation und Hinrichtung von Ketzern als legitim, weil er deren Vergehen im Vergleich zu Falschmünzern, die ja auch hingerichtet wurden, für schwerwiegender hielt.

Der Glaube an die Zauberei als Verbrechen fußte auf entsprechend gedeuteten Bibelpassagen und den Schriften der Kirchenväter.

Im späten Mittelalter war diese Meinung über die Hexen allgemein vorherrschend: Sie hätten sich vom wahren Glauben ab- und dem Teufel zugewandt, den sie nun anstelle

Gottes anbeteten, so hieß es. Auch sei es für Hexen üblich, sich mit dem Teufel, wir erwähnten es schon, sexuell einzulassen. Das war natürlich eine Vorstellung, die gerade den Frauen extrem schadete. So gab es Kirchenleute wie den galizischen Franziskanerpater und päpstlichen Beichtvater Bischof Alvarus Pelagius (ca. 1275 bis 1350), der in seinem Buch *Das Weinen der Kirche* dem Frauenhass Vorschub leistete. Es wurde von Papst Johannes XXII. in Auftrag gegeben und sollte später zum Vorbild für den berüchtigten *Hexenhammer* werden. Pelagius zählte 200 angebliche Laster und Missetaten von Frauen auf. Für ihn waren Frauen in vielen Fällen teuflische Wesen, die bei den Männern Impotenz

Eine schlafende Frau bekommt nachts teuflischen Besuch
(Johann Heinrich Füssli, 1741–1825)

verursachten, Ehebruch begingen und mit Hilfe von Kräutermixturen Unfruchtbarkeit hervorrufen konnten. Auch bezichtigte er sie der Anwendung diverser Zauberkünste. Er selbst war als uneheliches Kind geboren worden.

Pelagius' Schriften sollten den männlichen Herrschaftsanspruch in allen Lebensbereichen untermauern und illustrieren beispielhaft den Frauenhass (Misogynie), der zu jener Zeit deutlich zunahm. In ihrer extremen Form wird Misogynie zum Femizid, dem Mord an Frauen durch Männer aus geschlechtsspezifischen Vorurteilen.

Gegen Ende des Mittelalters war es der Inquisitor Institoris (Heinrich Kramer), der in seinem *Hexenhammer* die Leser glauben machte, die Frau besitze eine viel höhere Anfälligkeit dafür, vom Teufel verführt zu werden, als der Mann. Die Verbreitung dieser Ansicht brachte eine Lawine ins Rollen. Was der Autor in seiner Schrift ausführte, war zwar nicht neu, denn seit der Christianisierung und das ganze Mittelalter hindurch hatte es eine frauenfeindliche Tradition gegeben. Allerdings ermöglichte es die damals noch junge Erfindung des Buchdrucks, die Frauenfeindlichkeit in ihrer ganzen brutalen Unverschämtheit nun zwischen zwei Buchdeckel zu pressen. Institoris berichtete von Teufelspakten, von Zaubereien, die Schaden anrichteten, und von der Macht der Frau, den Mann zu verführen, ihn vom rechten Glauben abzubringen und seine Vernunft zu untergraben.

Und der *Hexenhammer* bot Vorlagen für erotische Männerfantasien. Denn Hexen hatten Verkehr nicht etwa, um Kinder zu zeugen, ihnen wurde pure Wollust unterstellt. Und das galt aus theologischer Sicht als Todsünde. Der Hexensabbat war die Orgie schlechthin, an der Frauen sich Teufeln und Dämonen hingaben. Sterbliche Männer hatten keinen Zugang dazu – in vielen Köpfen müssen sich die wildesten Szenen abgespielt haben.

Was wir heute als Hexenverfolgung kennen, hat erst gegen Ende des Mittelalters, um 1450, begonnen und bis 1750 gedauert, wobei der Höhepunkt das Jahrhundert von 1550 bis 1650 darstellte. Es war eine Massenhysterie, die sich auf Zauberei, Hexerei und Teufelsanbetung bezog. Zwar gab es kirchliche Hexenjäger, die unerbittlich forschten und überall Verdächtige vermuteten, dennoch waren die meisten durch weltliche Gerichte Verurteilten Opfer von Denunziationen aus der Bevölkerung. Die Hexenverfolgungen waren der Ausdruck weitverbreiteter Ängste und Hysterien, oft sogar gegen den Willen der Obrigkeit und selbst der Kirchen.

Die Inquisition war ursprünglich als Ketzergericht ins Leben gerufen worden, um die Glaubensgemeinschaft der Katharer im Süden Frankreichs zu vernichten. Doch begann sie schon bald, sich auch dem Thema Zauberei zuzuwenden. Papst Johannes XXII. (1245 bis 1334) hatte große Angst vor Zauberei und Magie. Auf sein Wirken gingen mehrere Pogrome im Süden Frankreichs zurück. Er war auch derjenige, der die Inquisitoren offiziell zu Zauberer- und Hexenjägern machte, nachdem man das Katharertum zerschlagen hatte. In seiner Bulle *Super illius specula* nannte er im Jahr 1326 die Anbetung von Dämonen, den Pakt mit dem Teufel sowie Schadenzauber als zu verfolgen, ebenso erwähnte er in Flaschen, Spiegeln oder Ringen eingeschlossene Geister als Helfer von Zauberern.

Es waren drei Theologen, die einen großen Einfluss auf das mittelalterliche Denken genommen hatten und auch auf den Umgang mit dem Thema Zauberei: Augustinus, Isidor von Sevilla und Thomas von Aquin. Augustinus (354 bis 430) hielt die Magie für verdammenswert, wie wir schon erwähnt haben. Sie war in seinen Augen eine pervertierte Wissenschaft, die erlernbar sei. Er führte die Wunder, die Magie und Zauberei hervorbrächten, auf die Zusammenarbeit des Praktizierenden mit dunklen Mächten zurück. Die Grundlage dafür sei ein Vertrag zwischen Magier und Teufel.

Bischof Isidor von Sevilla (560 bis 636) fasste in seinem Hauptwerk, der *Etymologiae,* das Wissen der damaligen Zeit zusammen und schrieb dafür auch ein Kapitel über Magie und Ketzerei, die er für das Resultat der Hinwendung zu bösen Engeln hielt. Er ging von einer Art Gegenreligion aus, in der böse Engel, Teufel und Dämonen wirkten. Menschen könnten sich mit zerstörerischen Potenzialen verbünden, so schrieb er.

Thomas von Aquin (1225 bis 1274) war der Meinung, dass es keine natürliche magische Begabung bei Menschen geben könne. Magie sei immer ein Resultat des Wirkens von Dämonen. Magier seien in allen Fällen als Verbrecher zu betrachten. Damit hatte er großen Einfluss darauf, wie man Hexen und Hexerei wahrnahm.

Als Häretiker galt seit 1215, wer von den kirchlichen Dogmen abwich. Das Augenmerk lag auf Abtrünnigkeit vom christlichen Glauben, nur indirekt auf Hexerei oder Zauberei. Man fürchtete Prediger, die von den Dogmen abwichen und die Zuhörer zu einem anderen Glauben verführten. In Frankreich ging man gegen einen realen Gegner vor, gegen die Katharer. In den deutschen Ländern war es hingegen zunächst nur ein Kampf gegen die vermeintlichen Satansanbeter, die nichts als ein Hirngespinst Papst Gregors IX. waren.

Die Kirche sah von Anfang an einen Zusammenhang zwischen Häresie und Hexerei. Denn die Häresie wurde als satanisches Werk betrachtet und man war der mehrheitlichen Überzeugung, dass die Ketzer sich allerlei teuflischer Praktiken bedienten.

Übernatürliche Kräfte wollten sie erlangen, die Häretiker, und damit den guten Menschen schaden, davon waren Papst Gregor und seine Helfer überzeugt. Sie bereiteten damit das Feld für den hysterischen Hexenwahn der frühen Neuzeit. Historiker sind heute der Meinung, dass es einen größeren Hexenkult im Sinne von Satanismus nicht gegeben hat.

Das sexuelle Verhalten der vermeintlichen Teufelsanbeterinnen spielte bei ihrer Verfolgung, wie wir bereits gesehen haben, eine große Rolle. Die Frage, ob die der Hexerei Bezichtigte Verkehr mit dem Satan gehabt habe, wurde quasi immer gestellt. Und die Folterer gierten nach weiteren pornografischen Details. War eine Verdächtigte attraktiv, machte es sie noch verdächtiger. Der Teufel hatte ihr die Schönheit verliehen, damit sie die Männer verführen konnte.

Verfolger projizierten ihre eigenen Fantasien auf die Frauen, denen man vorwarf, von sexuellen Trieben gesteuert zu sein. Die mehr oder weniger frommen Männer sahen die weibliche Sexualität als Werk des Teufels an. Der Autor des *Hexenhammers* schrieb den Frauen eine ins »Ungeheure gesteigerte sexuelle Triebhaftigkeit« zu. Dahinter steckten schlicht Männerängste. Männer fürchteten, dass sich die Frau ihrem Machtbereich entziehen könne, ungehorsam werde und untreu. Dies geschehe, weil sie dem Satan hörig sei. Männer hingegen, die untreu waren, galten als von einer Hexe verführt und waren damit aus dem Schneider: Sie waren die Opfer.

Weibliche Lust war im ausgehenden Mittelalter verpönt. Die Morallehre der Kirchenväter hatte so etwas nicht vorgesehen. Die Frau hatte passiv zu sein, selbst beim Verkehr mit dem Teufel. Und scheinbar war auch dieser nicht unbedingt das, was man sich unter einem fantasievollen Liebhaber vorstellt. In den unter der Folter erpressten Geständnissen wird er als ziemlich kalt und grob beschrieben. Liest man den *Hexenhammer* heute, erscheint es, als sei es dem Autor darum gegangen, die weibliche Lust zu verteufeln. Als sexuell unersättlich, so sah der Autor die Hexen. Und Frauen, die sich nicht in das Keuschheitsbild fügten, gerieten folglich schnell in den Verdacht, eine Hexe zu sein. Eine Frau hatte ihre Begierden unter Kontrolle zu halten. Das wurde erwartet.

Hexenverbrennung (1555)

Auch wenn die Hexenverfolgungen und -tötungen eines Tages aufhörten, so endete damit noch lange nicht die Diskriminierung der Frau als Hexe. In Literatur und Kunst, im Theater und vor allem im Film blieb sie erhalten. Genau aus diesem Grund hat die moderne Frauenbewegung die Hexe zu ihrer Symbolfigur erhoben.

Im Volksglauben ist eine Hexe so gut wie immer eine Frau, die Zauberkräfte besitzt. Während der Hexenverfolgung wurden jedoch nicht nur Frauen, sondern auch Männer, die man der Zauberei bezichtigte, als Hexer bezeichnet. Hier spielte der vermeintliche Teufelskontakt eine große Rolle. Zauberer und Magier hatten eine Sonderstellung inne – einige ihrer Biografien sind überliefert. Manche Männer, denen man Dämonen- und Teufelsbeschwörungen nachsagte, waren in ihrer Zeit sehr bekannt. Einige hinterließen Schriften, die uns heute noch über ihr Denken und Handeln Auskunft geben.

Schwarze Messen, Teufelsanbeter und Satanisten

Eine Hexe säugt einen Teufel
(Martin van Maele, 1863–1926)

In der Antike und im frühen Mittelalter wurde geglaubt, dass ein Magier Dämonen und niedere Teufel beherrsche, sie quasi zu seinen Gehilfen mache. Aus diesem Grund waren Magier in vielen Gesellschaften angesehene Dienstleister, deren Hilfe beispielsweise von Königen oder Stammesführern in Anspruch genommen wurde. Bei der praktischen Magie ging es darum, Menschen Macht zu verleihen. Macht über die jenseitige Welt wie auch über das Diesseits, indem man das Jenseits für seine Zwecke einzuspannen versuchte. Dieses Tun stand im Gegensatz zur Religion.

In den folgenden Jahrhunderten wendete sich das Blatt: Wer im späteren Mittelalter und zu Beginn der Neuzeit Magie betrieb, galt – zumindest in Europa – als Helfer und Diener des Teufels und stand damit meist mit einem Bein im Gefängnis, wenn nicht gar auf dem Scheiterhaufen.

Schwarze Messen als Parodie einer christlichen Messe

Heute nehmen wir schwarze Messen als eine Art Spottparodie einer katholischen Messe wahr. Diese wiederum enthalten Elemente aus antiken Zeremonien. So gehen diverse Inhalte der christlichen Messen auf den persischen Mithraskult zurück. Bei den Feiern zu Ehren dieses Gottes, die auch bei römischen Soldaten sehr beliebt waren, wurde etwa Brot gesegnet und gegessen.

Es ist wirklich die Frage, ob das, was wir in Beschreibungen einer schwarzen Messe in der Literatur finden, nur weitergegebene Klischeevorstellungen sind, oder ob es ein festes Muster gibt. Beide Veranstaltungen sind kultische Aktionen. Während in der christlichen Messe ein als positiv empfundener »heller« Gott verehrt wird, wendet man sich in einer schwarzen Messe dem »dunklen« Bösen zu. In der Aktion wird die christliche Messe umgekehrt. Der unbekleidete Frauenkörper als Altar ist ein gern verwendetes Motiv in Grusel- und Horrorfilmen. Schwarz gefärbte Hostien werden häufig erwähnt, sie sollen aus der Asche verbrannter Embryonen bestehen. Es werde Tierblut getrunken, so heißt es ferner.

Abflug zum Hexensabbat
(Albert Joseph Penot, 1862–1930)

Schon im Mittelalter wurden schwarze Messen abgehalten, beispielsweise, um einem speziellen Menschen den Tod zu wünschen und sein erwartetes Ableben schon vorab zu feiern.

Die Anbetung des Teufels und anderer Dämonen war ein Delikt, das man den der Hexerei Angeklagten vorwarf. Tatsache ist, dass die meisten Delinquenten völlig unschuldige Opfer waren. Entweder waren sie denunziert worden, weil man Sündenböcke benötigte (weil das Vieh keine Milch gab, weil die Ernte ausfiel, weil jemand krank wurde etc.) oder sie wurden gezielt aus dem Weg geräumt aus Motiven wie Neid, Rachsucht, Gier beziehungsweise fielen einem hysterischen Inquisitor in die Hände, der aus simplen Kleinigkeiten vermeintliches Hexenwerk herauszulesen glaubte.

Der Fantasie der Inquisitoren wurde vielfach Anregung gegeben. Die ausgelassenen Tanz- und Volksfeste der bäuerlichen Landbevölkerung konnten im Kopf so manchen Kirchenmannes Bilder vom nächtlichen Teufelsreigen hervorrufen. Auch die Lagerfeuer der Holzfäller im Wald oder die der fahrenden Gaukler, Artisten und Musikanten, die nachts ihr buntes Programm probten, mögen ihre Vorstellungskraft befeuert haben.

Satan auf seinem Thron beim Hexensabbat (Bartholomäus Spranger, 1546–1611)

Hat es Hexensabbate wirklich gegeben? Möglicherweise. Auch wenn die Teilnehmerinnen nicht unbedingt auf Besen dorthin gelangt sind, hat es wohl immer Treffen geheimer Zirkel gegeben. Unter der Folter haben vermeintliche Hexen zahlreiche Geständnisse abgelegt und solche Treffen beschrieben. Und dabei sind deutliche Parallelen zu erkennen. Allerdings lässt sich heute nicht mehr mit Sicherheit sagen, ob es wortwörtliche Schilderungen waren, die da protokolliert wurden, oder nur knappe Ja/Nein-Antworten auf gezielte Fragen der Verhörenden. Jedenfalls war immer wieder von Orgien die Rede, von Kannibalismus, von der Anbetung des Teufels und sexuellem Kontakt mit ihm.

Wenn eine schwarze Messe als Karikatur der christlichen Messe dienen soll, dann funktioniert so etwas nur so lange, wie das verspottete Vorbild Einfluss und Autorität besitzt. In Zeiten, in denen die Kirchen zu großen Teilen leer bleiben und nur noch wenige Christen in die Gottesdienste gehen, verliert auch das Schwarze-Messen-Thema an Bedeutung für diejenigen, die sich damit beschäftigen.

Kleiner geschichtlicher Rückblick: der Adel und die schwarzen Messen

Im Frankreich der Zeit Ludwigs XIV., so heißt es, hätten einige Priester schwarze Messen auf den Körpern nackter Frauen gelesen und sich nach dem Ritual mit ihnen sexuell vereinigt. Man soll zudem totgeborene oder abgetriebene Kinder als Opfer dargebracht haben. Schriftlich festgehalten wurde ein Fall aus dem Jahr 1679. Er sorgte für besonderes Aufsehen, da die Mätresse des Königs, Françoise de Rochechouart, Marquise de Montespan, darin verwickelt war. Ihr wurde vorgeworfen, einem satanischen Zirkel anzugehören. Diesen ließ der Pariser Polizeipräfekt Gabriel Nicolas de la Reynie (1625 bis 1709) auffliegen und schrieb einiges auf zur Satansverehrung in den Reihen des französischen Adels. Im 19. Jahrhundert fand man seine Notizen im Staatsgefängnis Bastille.

Ein Priester zelebriert eine schwarze Messe
(Martin van Maele, 1863–1926)

Damals waren schon länger Gerüchte in Paris umgegangen, dass Hexen dort am Werk seien. Auffällig waren die vielen Giftmorde in Adelskreisen. Als ein ehemaliger Offizier namens Vanens und seine Freundin Vinette verhaftet wurden, warf man ihnen vor, einen Giftanschlag auf den König geplant zu haben. In der Folge der Ermittlungen kam die Polizei auf die Spur eines Ringes von Hexen und Giftmischern. Man schätzte die Zahl der Zauberinnen in der französischen Hauptstadt damals auf rund 400. Bei der Hebamme Catherine Monvoisin, genannt La Voisin, wurden zahlreiche verkohlte kleine Menschenknochen gefunden. Sie selbst sagte, sie habe 2500 Kinder getötet.

Als *affaire des poisons* (Giftaffäre) ging diese Begebenheit, die sich zwischen den Jahren 1679 und 1682 ereignete, in die französische Kriminal- und Justizgeschichte ein.

Spektakulär war, dass zahlreiche Prominente und Mitglieder des Adels wegen Giftmord und Hexerei verurteilt wurden. Bis heute ist nicht geklärt, wie viel an den Vorwürfen den Tatsachen entsprach und was dabei Erfindung war; denn es ging auch darum, Konkurrenten bei Hofe aus dem Weg zu schaffen. Ein adeliges Liebespaar, Marie-Madeleine de Brinvilliers und Hauptmann Godin de Sainte-Croix, vergiftete im Jahr 1675 den Vater Marie-Madeleines und ließ deren Brüder ermorden. Das Paar wurde der Hexerei angeklagt, beide gestanden unter der Folter und endeten auf dem Scheiterhaufen. Während der Ermittlungen folgte die Polizei verschiedenen Spuren und stieß auf weitere ungeklärte mysteriöse Todesfälle. Verschiedene damals prominente Menschen waren darein verwickelt.

Verdächtigt wurde auch der Marquis de Montespan, Louis-Henri de Pardaillan de Gondrin. Er beschwerte sich offen über die Untreue seiner Frau, die eine Liaison mit König Ludwig XIV. hatte und von der es hieß, dass sie mithilfe von Ritualen bei schwarzen Messen sowie von Zaubertränken ihre Nebenbuhlerin Louise de la Vallière als Mätresse des Königs aus dem Weg zu schaffen versucht habe. Möglicherweise nutzte die Polizei die Geschichte, um gegen die große Pariser Magierszene vorzugehen. Wahrsager, Spiritisten und Giftmischer gerieten ins Fadenkreuz der Justiz. Bald war die Rede von einem Hexenzirkel, der Aristokraten mit Gift versorgte und dem schon mehrere Mitglieder des Hofes zum Opfer gefallen seien.

Mehrere Adelige, ein einflussreicher Bankier und ein angesehener Rechtsanwalt sollen zum Kundenkreis der angeblichen Hexe und Hebamme La Voisin gehört haben. Verdächtigt wurde auch der in der Stadt sehr bekannte Chemiker und Pharmazeut Christophe Glaser. Aus seiner Apotheke sollen die Marquise de Brinvilliers und der Chevalier Sainte-Croix die Zutaten für ihre Giftcocktails bezogen haben. Zwar konnte man Glaser keine konkrete Mittäterschaft nachweisen, doch führte der Fall dazu, dass es gesetzlich vorgeschrieben wurde, dass alle Apotheken in Frankreich künftig ein sogenanntes Giftbuch zu führen hätten. Namen und Adressen von Kunden, die Gift kauften, wurden darin festgehalten. Zwei verhaftete Wahrsagerinnen nannten die Namen von Komplizen, unter anderem den von La Voisin. Eine andere Wahrsagerin namens La Filastre gestand der Polizei, dass sie bei einer schwarzen Messe ihr eigenes neugeborenes Kind dem Teufel geopfert habe. Von dem Zauberer Lesage wurde die Polizei auf zwei Kirchenmänner hingewiesen. Pater Davot und Abbé Mariette sollen in einer Kapelle, die sich im Garten der La Voisin befunden haben soll, über den Körpern nackter Mädchen schwarze Messen abgehalten haben. Ein dritter Geistlicher, Abbé Guiborg, wurde desselben gotteslästerlichen Delikts beschuldigt und gestand später unter der Folter, er habe einem Kind die Kehle durchgeschnitten und das Blut in einem Kelch aufgefangen. Dies wurde von den drei Geliebten des Abbés später bestätigt. Auch sagte er, dass er bei einer anderen Messe das Menstruationsblut einer Zofe der Madame de Montespan mit dem Sperma ihres Geliebten und getrocknetem Fledermausblut zu einem Zaubertrank gemischt habe. Mit diesem habe die Marquise ihren Einfluss auf den König vergrößern wollen. Zudem habe man Gift an die Witwe des zuvor verstorbenen Parlamentspräsidenten verkauft.

Immer mehr Mitglieder des französischen Hofes gerieten unter Verdacht, bis in die höchsten Kreise. Der Bruder des Königs habe seine Frau vergiftet, hieß es. Zeugen behaupteten, sie hätten die Hofdame Madame de Lusignan mit einem Priester nackt durch den Wald hüpfen sehen und die Madame habe dabei eine Osterkerze auf obszöne Art missbraucht. Die Gefängniszellen füllten sich bald mit Trägern illustrer Namen: Die Herzogin von Bouillon, die Marquise d'Allnye, die Prinzessin de Tingry, die Marquise von Polignac, die Marquise de Roure, der Marquis de Feuquières, die Herzogin von Angoulême, der Graf von Clermont und der Herzog von Luxemburg landeten hinter Gittern. La Voisin und die anderen Angeklagten, die die Adelsmitglieder belasteten, wurden schwer gefoltert, weil man eindeutige Aussagen aus ihnen herauspressen wollte.

Der Präfekt der Pariser Polizei, Gabriel Nicolas de la Reynie, war vom Wahrheitsgehalt der auf diese Art erhaltenen Geständnisse überzeugt. Im Raum stand aber immer die zweifelhafte Ermittlungsmethode der Folter, zudem nahmen einige später Verurteilte ihre Aussagen auf dem Scheiterhaufen zurück. Allerdings hatte man bei den Magierinnen Gifte, Wachspuppen, schwarze Kerzen, Magiebücher und ähnliches Belastungsmaterial gefunden. Der Präfekt hatte die Mehrheit der Bevölkerung hinter sich. Allerdings wurde nie wirklich geklärt, ob die besagten schwarzen Messen wirklich stattgefunden haben. Insgesamt wurden damals 360 Personen verhaftet, 218 zum Teil unter der Folter verhört, 110 wurden verurteilt. Es gab zwei Todesfälle unter der Folter. 36 Angeklagte richtete man hin (mit dem Schwert, am Galgen oder auf dem Scheiterhaufen). Vier wurden auf Galeeren geschickt. 34 Verurteilte mussten das Land für immer verlassen. 30 wurden freigesprochen.

Was wurde aus der Madame de Montespan und dem König? Ihr Fall wurde von Präfekt La Reynie im Geheimen behandelt. Der Name ihrer Kammerfrau war oft in den Protokollen aufgetaucht. Und es hieß, die Madame habe als Mitglied des Hexenzirkels mehrfach an den schwarzen Messen teilgenommen. Dabei, so die Aussagen, habe sie nackt auf dem Altar gelegen, Abbé Guiborg habe ihr eine Hostie in den Unterleib eingeführt und danach betend mit ihr Verkehr gehabt. Kein Wunder, dass die Marquise später in den Verdacht geriet, schuld am Tod ihrer Nachfolgerin beim König zu sein (diese starb aber wohl an einer Brustfellentzündung). Was die Madame de Montespan vor einer Bestrafung schützte, war vermutlich die Tatsache, dass sie dem König acht Kinder geboren hatte, von denen er sechs anerkannte.

Der König hätte sich öffentlich blamiert, wenn bekannt geworden wäre, dass er durch magische Liebestränke verführt worden war. Ludwig schickte Françoise, finanziell gut abgesichert, zur Buße in ein Konvent, wo sie im Jahr 1707 starb. Die polizeilichen Ermittlungen waren 1683 eingestellt worden, nach der letzten Hinrichtung. Der König erließ ein Gesetz, dass den Handel mit Giften reglementierte. Wahrsagerei und Magie wurden im ganzen Land verboten. Hexerei wurde offiziell als Einbildung dargestellt.

Dennoch häufen sich für das 18. und 19. Jahrhundert die Erwähnungen schwarzer Messen in Frankreich und auch in England. Und wieder waren Adelige beteiligt. Es war die Zeit der Ausschweifungen gelangweilter Reicher, die nach immer neuen Kicks suchten, um ihrem für ihr persönliches Empfinden eintönigen Leben etwas Bewegung zu geben. In England gab es zu jener Zeit den sogenannten »Höllenfeuer Club», in dem sich einige Lords nicht nur mit Dämonen beschäftigten, sondern auf okkulte Weise auch versuchten, Einfluss auf die Politik zu nehmen.

Echte und falsche Teufelsanbeter

Doktor Faust

Gegen Ende des Mittelalters wurde Johann Georg Faust (1480 bis 1541) geboren. Sein Name ist mit Magiergeschichten des Mittelalters verbunden, aus denen später die Faust-Sage entstand. Er war ein Heiler und Magier, Wahrsager und Astrologe. In Knittlingen, seinem vermutlichen Geburtsort, gibt es heute ein Faust-Museum mit Archiv. Faust reiste vor allem im süddeutschen Raum umher, wo er als Philosoph, Alchemist und Wahrsager bekannt wurde. Nicht wenige hielten ihn für einen Hochstapler. Kirchenmänner feindeten ihn an. Noch erhaltene Dokumente schildern, dass er sich vieler Wunderdinge rühmte. So bezeichnete ihn der Humanist Mutianus Rufus in einem Brief aus dem Jahr 1513 als einen »Prahler und Narr«. Andere, wie der Fürstbischof des Hochstifts Bamberg, Georg III., ließen sich von Faust ein Horoskop erstellen. Aus einigen Städten wurde Faust ausgewiesen, in anderen nahm man seine Dienste an.

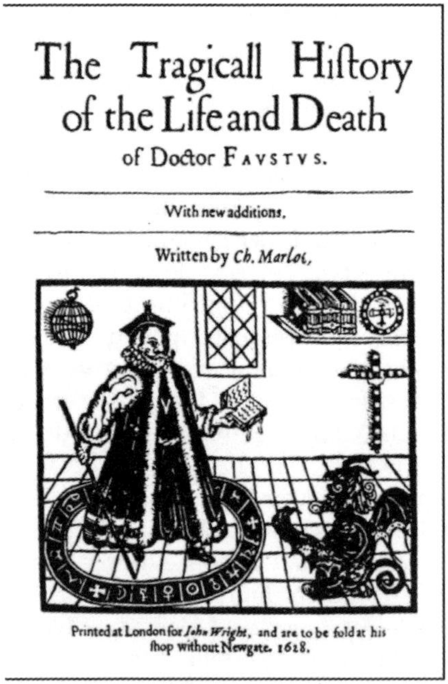

Titelseite von Christopher Marlowes Buch über Johann Faust (17. Jahrhundert)

Die Inquisition ließ ihn allerdings in Ruhe, er starb vermutlich beim Versuch, Gold zu machen. Es gab eine Explosion und man fand seinen Körper ziemlich deformiert vor, was die Leute glauben ließ, der Teufel persönlich habe ihn geholt. Denn Faust habe bei Lebzeiten ein Bündnis mit dem Höllenfürsten geschlossen, so munkelte man. Für einige Jahre mit Vergnügungen und dem Erlangen von Wissen habe er ihm seine Seele verkauft.

Als Inspiration für den Faust, der in die Literatur- und Theatergeschichte eingegangen ist, gibt es noch zwei weitere Kandidaten gleichen Nachnamens, einen Drucker und Schwarzkünstler, der an der Pest gestorben ist, und einen Doktor der Theologie aus Heidelberg. Vermutlich standen alle drei Pate bei der Entstehung der Bühnenfigur.

Zwar schrieb Goethe seine Tragödie zu einer Zeit, als die Hexenverfolgungen immer weniger wurden, dennoch war der Glaube an die Macht der Zauberei bei den Menschen seiner Zeit noch sehr verbreitet. Und so lässt der große Dichter viele Klischees aus dem Mittelalter und der Renaissance in seinem Werk wiederaufleben, von den Zaubertränken und -salben bis hin zur Eule und dem Nackttanz auf dem Blocksberg.

Agrippa von Nettesheim

Als einer der größten Hexenmeister und Magier des ausgehenden Mittelalters und der frühen Neuzeit galt der 1486 geborene Heinrich Cornelius Agrippa von Nettesheim. Er war ein gebildeter Mann, hatte in Köln Jura und Medizin studiert. Mehr interessierten ihn allerdings die geheimen Wissenschaften, vor allem die jüdische Kabbala, was ihn schon früh mit der Kirche in Konflikt brachte. Da er nirgends wirklich sicher war, begab er sich auf eine lange Wanderschaft durch große Teile Europas. In seinem Werk *De occulta philosophia* (Von der okkulten Philosophie) versuchte er zu erklären, dass man durch alte magische Praktiken die Welt beeinflussen könne. Die einfachen Menschen hielten ihn für einen Hexenmeister und man erzählte sich unheimliche Geschichten über ihn. Dass er ein Gehilfe des Teufels sein müsse, zeigte sich für viele allein schon an der Tatsache, dass er sich für eine der Hexerei angeklagte Frau einsetzte und ihren Freispruch erwirkte. Der große schwarze Hund, der ihn begleitete, sei niemand anderes als ein böser Teufel in Gestalt eines Tieres, sagte man.

Im Jahr 1525 sei ihm Ahasver begegnet, der ewige Jude, der Jesus auf seinem Weg nach Golgatha beleidigt habe und zur Strafe auf ewig in der Welt herumirren müsse. Als Johann Wolfgang von Goethe seinen *Faust* schrieb, ließ er einige der Geschichten, die man sich um Agrippa erzählte, in seinen Text einfließen.

Teufelsanbeter? Ein Fall für Doktor Freud

Ungefähr in die gleiche Zeit wie die Giftaffäre fallen die Vorkommnisse um den Österreicher Christoph Haitzmann (1651 bis 1700). Weil er angeblich einen Pakt mit dem Teufel eingegangen war, musste sich der damals 17-jährige Malergeselle im Wallfahrtsort Mariazell wiederholt Teufelsaustreibungen unterziehen. 1681 trat er in Wien in ein Kloster ein. Im 20. Jahrhundert wurde sein Name bekannt, weil sich Sigmund Freud mit dem Fall

Haitzmann beschäftigt hatte. 1923 veröffentlichte Freud seine Ansichten unter dem Titel *Eine Teufelsneurose im siebzehnten Jahrhundert.*

Basis seiner Arbeit war eine Handschrift aus dem 18. Jahrhundert, in der der Fall dokumentiert worden war. Sie fußte wiederum auf den Aufzeichnungen eines Mönchs und Tagebucheintragungen von Haitzmann selbst.

Der berühmte Psychoanalytiker kam zu dem Schluss, dass die kirchliche Seelsorge beim Umgang mit psychisch Kranken nicht sehr hilfreich sei. Freud diagnostizierte nachträglich eine »nicht aufgearbeitete Depression infolge des Verlustes einer nahe stehenden Person«. Die Legende erzählt, dass am 8. September des Jahres 1677 um Mitternacht der Teufel als geflügelter Drache in der Wallfahrtskirche Mariazell erschienen sei. Im Beisein von Mönchen habe ein Priester dort an Christoph Haitzmann einen Exorzismus vollzogen. In seiner Veröffentlichung erklärt der Autor, dass in früheren Zeiten Neurosen als Dämonenwerk angesehen wurden. Dabei seien die sogenannten Dämonen in Wahrheit »... verworfene Wünsche, Abkömmlinge abgewiesener, verdrängter Triebregungen«. Der Unterschied zwischen dem Mittelalter und der Zeit Freuds sei in diesem Fall der, dass man früher in die äußere Welt projiziert habe, was Freud im Innenleben der Kranken sah. Schauen wir uns also an, was von diesem Fall überliefert ist.

Christoph Haitzmann litt an Krampfanfällen und hatte Visionen. Im September 1677 wurde er mit einem Geleitbrief des Pfarrers von Pottenbrunn nach Mariazell gebracht. Der junge Maler hatte berichtet, dass er neun Jahre zuvor im Hinblick auf seine Kunst an Selbstzweifeln gelitten habe. Da habe er sich dem Teufel, der ihm neunmal erschienen sei, schriftlich verpflichtet, diesem nach Ablauf von neun Jahren mit Leib und Seele zu gehören. Der 24. September sei nun der Tag, an dem er das Vereinbarte einzulösen habe. Nur die Gnade der Mutter Gottes von Mariazell könne ihn retten, indem sie den Teufel dazu bringe, den mit Blut geschriebenen Vertrag herauszugeben. Tatsächlich sei der Höllenfürst zur Mitternacht erschienen und habe das Schriftstück zurückgegeben. In den Aufzeichnungen des Mönchs steht nicht, dass die Zeugen des Exorzismus auch den Teufel gesehen hätten. Vielmehr sei Haitzmann plötzlich aufgesprungen, in eine Ecke der Kapelle, in der er selbst die Erscheinung sah, gestürmt und danach mit dem Zettel in der Hand zurückgekommen. Für die Geistlichen bedeutete dies, dass die Gottesmutter den Teufel besiegt habe, auch wenn nur der Maler den höllischen Vertragspartner gesehen hatte. Haitzmann zog zu seiner verheirateten Schwester nach Wien, wo er schon bald wieder von seinen Visionen und Krämpfen eingeholt wurde, die er fortan in seinem Tagebuch schilderte.

Es war aber diesmal kein Teufel, der ihm erschien, er sah vielmehr Heilige, auch Jesus und seine Mutter. Gepeinigt kehrte er nach Mariazell zurück und berichtete dort, es gebe noch eine ältere, mit Tinte geschriebene Vereinbarung mit dem Teufel. Was folgte, war ein erneuter Exorzismus. Der Maler erhielt seinen Vertrag zurück, fühlte sich frei und trat in den Orden der Barmherzigen Brüder ein. Später, 14 Jahre nach dem Tod Haitzmanns, berichtete der Klostervorstand, dass Chrysostomus, wie er im Kloster geheißen hatte, immer wieder mit den Anfechtungen des bösen Geistes zu tun gehabt habe, immer dann, wenn er zu viel Wein getrunken habe.

Sigmund Freud suchte in den alten Unterlagen nach einem Motiv für den angeblichen Teufelspakt des Malers. Naheliegende Anreize wie der Wunsch nach Reichtum, Macht, besonderen Fähigkeiten und die Zuneigung schöner Frauen waren in Haitzmanns Tagebuchaufzeichnungen nicht zu finden. »Da er nun Zauberkünste, Geld und Genuss zurückweist, wenn der Teufel sie ihm bietet, geschweige denn, dass er sie zu Bedingungen des Pakts gemacht hätte, wird es wirklich dringlich zu wissen, was dieser Maler eigentlich vom Teufel wollte, als er sich ihm verschrieb. Irgendein Motiv sich mit dem Teufel einzulassen, muss er doch gehabt haben», sinnierte Sigmund Freud. Und er fand das Motiv schließlich im Tod des Vaters, der den Maler in Schwermut gestürzt hatte. »Da verschreibt sich also einer dem Teufel, um von einer Gemütsdepression befreit zu werden. Gewiss ein ausgezeichnetes Motiv nach dem Urteil eines jeden, der sich in die Qualen eines solchen Zustandes einfühlen kann und der überdies weiß, wie wenig ärztliche Kunst von diesem Leiden zu lindern versteht», schreibt Freud und ist erstaunt, als er die Vereinbarung mit dem Teufel liest, in der es heißt, dass sich der Teufel verpflichtet, neun Jahre lang Haitzmann den Vater zu ersetzen. Daraus folgert er: Wenn der junge Maler wieder einen Vater hat, verschwindet die blockierende Depression und er kann wieder arbeiten. Freud wäre kein Psychoanalytiker, wenn er hier nicht in die Tiefe ginge. Denn er erkennt in der Geschichte Christoph Haitzmanns die Ambivalenz im Verhältnis des Menschen zu Gott. Zwei Gefühlsregungen stünden sich gegenüber, eine zärtlich unterwürfige und eine feindselig

Teuflische Depression (19. Jahrhundert)

trotzige. Und auch Freud erkennt: »Götter können zu bösen Dämonen werden, wenn neue Götter sie verdrängen. Wenn ein Volk von einem anderen besiegt wird, so wandeln sich die gestürzten Götter der Besiegten nicht selten für das Siegervolk in Dämonen um. Der böse Dämon des christlichen Glaubens, der Teufel des Mittelalters, war nach der christlichen Mythologie selbst ein gefallener Engel und gottgleicher Natur. Es braucht nicht viel analytischen Scharfsinns, um zu erraten, dass Gott und Teufel ursprünglich identisch waren, eine einzige Gestalt, die später in zwei mit entgegengesetzten Eigenschaften zerlegt wurde. In den Urzeiten der Religionen trug Gott selbst noch alle die schreckenden Züge, die in der Folge zu einem Gegenstück von ihm vereinigt wurden.« Eine weitere tiefenpsychologische Erkenntnis Freuds lautet: »... eine Trauer nach dem Verlust des Vaters wird sich umso eher in Melancholie umwandeln, je mehr das Verhältnis zu ihm im Zeichen der Ambivalenz stand. Die Hervorhebung dieser Ambivalenz bereitet uns aber auf die Möglichkeit der Erniedrigung des Vaters vor, wie sie in der Teufelsneurose des Malers zum Ausdruck kommt.« Er liefert eine mögliche Erklärung für die Arbeitshemmung. Es sei möglich, dass der Vater sich dem Wunsch seines Sohnes, Maler zu werden, widersetzt habe: »... dessen Unfähigkeit, nach dem Tode des Vaters seine Kunst auszuüben, wäre dann einerseits ein Ausdruck des bekannten ›nachträglichen Gehorsams‹, anderseits würde sie, die den Sohn zur Selbsterhaltung unfähig macht, die Sehnsucht nach dem Vater als Beschützer vor der Lebenssorge steigern müssen. Als nachträglicher Gehorsam wäre sie auch eine Äußerung der Reue und eine erfolgreiche Selbstbestrafung.«

Die Zahl neun in der Geschichte bringt Freud mit einer Schwangerschaftsthematik in Verbindung. Christoph Haitzmann hatte den Teufel in seinem Tagebuch mit weiblichen Brüsten und männlichem Penis beschrieben. Freud schließt hier auf Kastrationsängste oder auch auf eine Mutterfixierung. Deshalb könne ihn auch nur die Heilige Muttergottes von Mariazell retten. Im Verlauf der Geschichte erkennt Sigmund Freud noch weitere Hinweise, die seine Diagnose stützen. So beispielsweise mit dem Eintritt ins Kloster den »... Kampf zwischen der libidinösen Lebenslust und der Einsicht, dass das Interesse der Lebenserhaltung gebieterisch Verzicht und Askese fordere.« Es ist interessant zu lesen, was ein Analytiker wie Freud aus dem Geschehen herauszulesen vermag. Man findet seine ausführliche Erläuterung im Internet. Da hatten es die Exorzisten vermutlich einfacher, denn für sie war klar: »Hier ist der Teufel am Werk!«

Kirchlicher Exorzismus

Vor dem Teufel war man nirgends sicher. Er überwand selbst hohe Klostermauern. Dass dort immer wieder Fälle von Besessenheit aufgetreten sein sollen, davon zeugen bis heute erhalten gebliebene Akten. Das Thema Besessenheit wurde von der kirchlichen Dämo-

Die geschwätzigen Nonnen und der Teufel (Hans Weiditz, 1488–1534)

nenlehre in drei Bereiche aufgeteilt. Als Zirkumzession bezeichnet man die Belagerung durch die Dämonen, die bösen Wesen sind also um den Betreffenden herum anwesend. Bei der Obsession wird vom menschlichen Körper Besitz ergriffen. Und bei der Possession werden Körper und Seele von einem oder mehreren Dämonen beherrscht. Als Mittel der Wahl galt bei allen drei Formen der Exorzismus.

Wenn es zu Besessenheitsmeldungen aus Klöstern kam, gab es dafür immer nur eine Erklärung: Dämonen oder Teufel waren am Werk. Die meisten heutigen Psychologen würden dagegen andere Gründe nennen. In den Nonnenklöstern lebten in erster Linie Töchter aus Adelsfamilien, die von ihren Eltern um ihres eigenen Seelenheils willen dorthin geschickt worden waren. Die Mädchen selbst hatten keine andere Wahl gehabt. Was sie im Kloster erwartete, waren Eintönigkeit, Langeweile und eine düstere Perspektivlosigkeit. Der einzige Mann, zu dem die Frauen Kontakt hatten, war der Beichtvater, der nicht selten zum Projektionsobjekt für unterdrückte sexuelle Begierden wurde.

Berühmte Satanisten

Wenn nicht mehr der gute Gott im Himmel die kultisch verehrte Bezugsperson ist, sondern sein Gegenbild, dann sprechen wir von Satanismus. Im Laufe der Jahrhunderte entwickelten sich verschiedene satanistische Strömungen, die nicht unbedingt miteinander in Verbindung stehen oder sich aufeinander beziehen. Seit dem 17. Jahrhundert gibt es zu diesem Thema literarische Veröffentlichungen. Während im traditionellen Satanismus die Verehrung Satans im Mittelpunkt steht, ist es im modernen Satanismus die Freiheit des Menschen. Das öffentliche Bild des Satanismus wird bestimmt durch Sensationsjournalismus, literarische und filmische Schauergeschichten und Verschwörungstheorien. Betrachten wir nun einige berühmte Satanisten näher.

Gilles de Rais

Gilles de Rais (1404 bis 1440) ging als berühmter Teufelsbeschwörer und Serienmörder in die Geschichte und die Literatur ein. So lieferte er unter anderem die erzählerische Vorlage für die Sage vom Blaubart. Der Graf aus dem französischen Angers war ein gefeierter Kriegsheld, der an der Seite von Jeanne d'Arc gekämpft hatte. Vom König zum Marschall ernannt und Besitzer ausgedehnter Ländereien, war er zu seiner Zeit einer der reichsten Männer Frankreichs. Er trat als großer Förderer von Kunst und Kultur auf. Als sein Reichtum sich wegen seines verschwenderischen Lebenswandels verringerte, begann er den Teufel zu beschwören, um ihn für seine Zwecke einspannen zu können. Er ließ Hexenmeister aus ganz Europa in sein prunkvolles Schloss kommen und suchte gezielt den Pakt mit Satan. Er glaubte, diesen nur für sich gewinnen und beeindrucken zu können, wenn er die abscheulichsten Verbrechen beging. Von seinen Dienern ließ er Kinder, hauptsächlich Jungen, entführen. In seinen Schlössern wurden die Kinder von ihm grausam ermordet.

In Untersuchungsprotokollen werden 140 Opfer genannt, man vermutet heute jedoch, dass es weit mehr waren, die auf brutalste Art ums Leben kamen. Im Jahr 1440 geriet de Rais wegen Gotteslästerungen mit der Kirche in Konflikt. Während einer Messe wurde er gefangen genommen. Vor dem bischöflichen Gericht musste er sich wegen Häresie und Mord verantworten. Der Inquisitor sprach ihn des Abfalls vom Glauben und der Ketzerei für schuldig. In einem weltlichen Prozess wurde er des mehrfachen Mordes für schuldig erklärt und noch im selben Jahr 1440 gehängt.

Der Teufel untersucht den Kopf eines Jungen
(J.D. Nargeot, 1847, nach H. Bruyères, 1801–1856)

Das große Tier 666

Der britische Okkultist und Autor Aleister Crowley (1875 bis 1947) bezeichnete sich selbst als Antichrist und »das große Tier 666«. Er hatte erheblichen Einfluss auf Geheimbünde und -gesellschaften, auch auf den Wicca-Kult. Sein Vater, der aus einer wohlhabenden Brauerfamilie stammte, war ein reisender Evangelist, der missionierend durch Südengland zog. Ein apokalyptisches Weltbild prägte auch Crowley junior. Vor allem für die Johannesoffenbarung hatte dieser eine Vorliebe. Schon früh zeigte sich eine bisexuelle Neigung. Crowley erkrankte zunächst an Gonorrhö und später an Syphilis. Mit 20 Jahren bestieg er im Alleingang den Eiger in den Schweizer Alpen, im Laufe der nächsten Jahre nahm er an diversen spektakulären Bergbesteigungen teil. Auf eigene Kosten veröffentlichte er Gedichtbände mit eigenen Werken. In dem Jahr nachdem er das Vermögen seines Vaters geerbt hatte und finanziell für die nächsten 18 Jahre unabhängig geworden war, begann er sich mit Magie zu beschäftigen. 1898 trat er dem okkulten *Hermetic Order of the Golden Dawn* bei. Crowley begann mit ritualmagischen Übungen und experimentierte mit diversen Drogen. 1990 verließ er den Orden wieder. Seine erste Frau, die ihm als Trancemedium diente, channelte eine Wesenheit namens Aiwaz, die sich als Botschafter des ägyptischen Gottes Horus ausgab. Nach deren Diktat will Crowley sein Buch des Gesetzes geschrieben haben. Crowley sah sich als eine Art Prophet einer neuen Religion. Manche Autoren sind der Ansicht, dass Aleister Crowley mit seiner antidemokratischen und antibürgerlichen Schrift damals das Gedankengut des Faschismus vorwegnahm. 1907 gründete Crowley seine eigene Geheimgesellschaft, den Orden des silbernen Sterns. Er praktizierte mit wechselnden weiblichen und männlichen Partnern Sexualmagie und Sadomasochismus. Während des Ersten Weltkrieges veröffentlichte er in New York antibritische Kriegspropaganda und machte Propaganda für das Deutsche Reich. Wegen seines Asthmas nahm Crowley ab 1919 Heroin. 1920 gründete er in Sizilien die Abtei Thelema. Sektenmitglieder wurden von ihrem Anführer streng kontrolliert, die Männer hatten sich bis auf eine Haarsträhne den Kopf kahl zu scheren, Frauen färbten sich die Haare rot oder golden und trugen hellblaue Roben mit Kapuze. Nach dem Tod eines Mitgliedes, das nach einem Ritual gestorben war, bei dem das Blut einer geopferten Katze getrunken worden sein soll, verklagte dessen Witwe Crowley. Die Presse stürzte sich auf den Fall und fand genug Themen für Skandalgeschichten. Crowley ging nach Frankreich zum Heroinentzug, der jedoch nicht gelang. Um an Geld zu kommen, schrieb er den Roman *Tagebuch eines Drogenabhängigen,* der von der Kommunenzeit in Sizilien handelte. Die Presse kritisierte das Buch als Aufruf zum Drogenkonsum.

Nachdem Geheimbünde in Italien für illegal erklärt worden waren, wies die Mussolini-Regierung Crowley aus. 1925 sah dieser sich selbst als Retter der Menschheit und Verkünder einer neuen religiösen Botschaft und fasste den Plan, sich als neuer Heiland ausrufen zu lassen. Ein Teil der deutschen Rosenkreuzerbewegung erkannte Crowley als ihr internationales Oberhaupt an, was zu einer Spaltung der Bewegung führte. Von seinen Unterstützern ließ er sich eine Ermächtigung zum Weltlehrer unterschreiben. 1925 startete er seine »Weltlehrer-Kampagne«, mit der er in Konkurrenz zur Theosophischen Gesellschaft trat, die gerade den jungen Inder Jiddu Krishnamurti als spirituellen Lehrer aufzubauen versuchte. Aleister Crowley sagte, dass er auf Geheiß einer höheren Intelligenz handele, der mentalen weißen Bruderschaft. Er empfand sich selbst als geistigen Führer der Menschheit. Von Crowley heißt es, er sei eine außergewöhnliche Erscheinung gewesen: sonderbar gekleidet, mit dicken Ringen geschmückt, mit einer Glatze, femininen Gesichtszügen und einem kalten, starren Blick. Er soll sich mit einer speziellen Salbe eingerieben haben, die unangenehm roch und mit der er seine Anziehungskraft auf Frauen steigern wollte. Er habe sich zwei seiner Zähne spitzgefeilt und Frauen damit ins Handgelenk gebissen, so wird berichtet. Sexualität war für ihn die wirksamste Methode, Magie zu betreiben, wobei sein Hang zum Sadomasochismus eine große Rolle spielte. Während mehrere Autoren Crowley nicht in den Satanismus einordnen, er sich aber selbst als Antichrist stilisierte, sehen ihn hauptsächlich Theologen als Begründer des modernen Satanismus an. Jimmy Page, der Gitarrist von Led Zeppelin, kaufte Crowleys Anwesen Boleskine in Schottland, wo er zu Beginn des 20. Jahrhunderts mit seinen Beschwörungen begonnen hatte.

Der Verfasser der *Satanischen Bibel*

Anton Szandor LaVey (1930 bis 1997) gründete 1966 die Church of Satan und machte Satanismus als erster zu einem Religionssystem. Er vertrat eine eher atheistische Philosophie mit magischen und hedonistischen Zügen. Der als Howard Stanton Levey geborene Anton Szandor LaVey war der Gründer und Hohepriester seiner eigenen satanistischen Kirche. 1969 erschien seine *Satanische Bibel.* Er sah sich selbst als Schöpfer des modernen Satanismus. Zunächst war er Zirkusdompteur und Musiker gewesen. Nach eigenen Angaben gründete er in der Walpurgisnacht des Jahres 1966 die Church of Satan. In seinem Nachtclub beschäftigte er die Tänzerin Susan Atkins, die 1968 zu den Haupttäterinnen im Mordfall der Schauspielerin Sharon Tate gehörte. Die Medien interessierten sich stark für LaVey. Er trat in Talkshows auf, erschien auf vielen Titelseiten und beriet bei der Produktion von Horrorfilmen. Die Church of Satan hat heute ihren Sitz in New York City. Das Weltbild der Organisation ist atheistisch. Satan selbst wird als Archetyp be-

Schwarze Messe
(Martin van Maele, 1863–1926)

trachtet, nicht als reales Wesen. Die Magie der Organisation ist rituell, es werden keine übernatürlichen Kräfte beschworen oder spezielle Wesenheiten angerufen. Die Lebensausrichtung ist auf das Diesseits bezogen. Ein besonderer Aspekt ist, dass man den Menschen als ein Tier unter den Tieren betrachtet und nicht als die Krone der Schöpfung.

Der Order of Nine Angles bezeichnet sich hingegen als Vertreter eines traditionellen Satanismus.

Weitere Anklänge an Satanismus

Auch wenn uns die bunten Blätter etwas anderes erzählen wollen, so sind die Angehörigen der sogenannten Gothik-Szene wie auch die Gruftis mit auf dem Kopf stehenden Kreuzen, Pentagrammen und anderen okkulten Symbolen doch eher nicht im satanistischen Umfeld angesiedelt. Sie strahlen zwar eine morbide Grundstimmung aus und wirken auf konservative Seelen verstörend und düster. Ihre Themen dürften jedoch eher Melancholie und Weltschmerz sein.

Auch im Heavy Metal finden sich satanistische Symbole. Deren Ziel ist Provokation und Rebellion. Manchmal ist die Provokation künstlerisch inspiriert, oft aber auch einfach nur kommerziell kalkuliert. Im einem späteren Kapitel werden wir noch etwas näher darauf eingehen.

Teuflische Orte und Geschichten

Nicht weit weg von unserem Wohnhaus nahe der niederländischen Grenze befindet sich in ziemlich unzugänglichem Gebiet, von dichtem Gestrüpp umgeben, ein künstlich erschaffener Hügel, der im Volksmund als Düvelsberg (Teufelsberg) bezeichnet wird. Im Mittelalter stand dort die Burg der Herren von Helpenstein und eine Sage erzählt davon, dass einst ein seltsamer Gast den dort lebenden Ritter besuchte. Der Burgherr freute sich zunächst über etwas Abwechslung und lud den Fremden zum Würfelspiel ein. Als er allerdings jedes Spiel verlor und sein Gegenüber ihn aufforderte, nun um die Burg und das umliegende Land zu würfeln, wurde der Gastgeber nervös. Ihm fiel ein Würfel zu Boden und rollte unter den Tisch. Beim Hinabbücken erschrak er: Sein Gegenspieler hatte einen Pferdefuß. Der Ritter wusste sofort, wen er da beherbergte, und forderte seinen Besucher auf, das Haus schleunigst zu verlassen. Jener tat dies nur unter Protest und stieß beim Hinausgehen ein paar laute Flüche und Verwünschungen aus. Das Begebnis blieb nicht ohne Folgen – bald schon brannte die Burg mitsamt ihrer Wirtschaftsgebäude ab und der ehemals blühende Besitz der Ritterfamilie verödete. Noch heute mag das zugewucherte Gelände auf die wenigen Spaziergänger, die sich dorthin wagen, etwas Unheimliches ausstrahlen. Von dort umgehenden Spukgestalten und Werwölfen ist schon seit Jahrhunderten die Rede und manch einer dürfte sich hier schon gegruselt haben.

Orte mit Teufelsbezug gibt es im deutschsprachigen Raum viele. Teufelsstein, Teufelsberg, Teufelsloch oder Teufelsschlucht, auch Teufelsmoor sind Bezeichnungen, die sich mehr oder weniger in jeder Region finden lassen. Immer sind sie mit einer örtlichen Sage verbunden, in der der Teufel eine Hauptrolle spielt. Bei den Teufelssteinen handelt es sich nicht selten um große Findlinge in freier Natur. War kein Berg in der Nähe, von dem dieser Stein herabgefallen sein konnte, hatten die Menschen früherer Zeiten eine andere Erklärung für sein Vorhandensein: Der Teufel musste ihn geworfen haben. Auch dessen eigentliches Ziel war klar: der örtliche Kirchturm. Meistens hatte das Wurfgeschoss sein Ziel jedoch verfehlt und der Stein war in der Umgebung liegen geblieben.

Schauen wir uns ein paar weitere »teuflische Orte« näher an.

»Gastspiele« des Teufels in Deutschland

Wo der Teufel seinen Daumen verlor

Der Aachener Dom ist rund 1200 Jahre alt und das bedeutendste Wahrzeichen der Stadt. Gleich im Eingangsbereich wird man dort von einer geheimnisvollen Bronzewölfin empfangen, die eng mit der Aachener Dombausage in Zusammenhang steht. Diese wurde unter anderem von den Gebrüdern Grimm und dem französischen Schriftsteller Victor Hugo überregional bekanntgemacht.

Der Aachener Dom im 17. Jahrhundert

Die Pfalzkapelle ist der zentrale Teil des heutigen Domes. Kaiser Karl der Große hatte wegen des damals herrschenden Krieges nicht die Zeit, die Arbeiten an seiner Kirche selbst zu überwachen, und so beauftragte er den Rat der Stadt, das Gebäude während seiner Abwesenheit fertigzustellen. Doch leider ging den Aachenern das Geld aus und man wusste nicht, wie man das teure Vorhaben zu einem guten Ende bringen sollte. So kam es zu einem Pakt mit dem Teufel. Der Höllenfürst gab das Geld, die Aachener versprachen ihm dafür die erste Seele, die das Gotteshaus nach dessen Fertigstellung betreten würde. Bald wurde das Vorhaben bekannt und als das Gotteshaus fertig erbaut war, traute sich niemand hinein. Doch ein schlauer Mönch hatte einen Ratschlag für die Aachener parat: »Ihr habt dem Teufel eine Seele versprochen. Doch niemals war die

Rede von der eines Menschen!« Also ließ man im Aachener Wald eine Wölfin fangen und trieb sie in die Pfalzkapelle. Gierig stürzte sich der Gehörnte auf den ersten Gast, nicht wissend, dass es sich um ein Tier handelte. Erst als er dem Vierbeiner die Seele aus dem Leib gerissen hatte, bemerkte er die List. Das machte ihn dermaßen wütend, dass er beim Verlassen die Kirchentüre so heftig zuschlug, dass sie einen heute noch vorhandenen Riss bekam. Auch klemmte er sich beim Zuschlagen seinen Daumen mit einem der Türknäufe ab. Die Tür erhielt daraufhin den Namen Wolfstür und man stellte zum ewigen Andenken an das Ereignis zwei Bronzefiguren im Eingangsbereich auf. Den Daumen können Besucher heute noch im rechten Löwenkopf-Türgriff ertasten. Es handelt sich um einen Bronzestift, dessen ursprüngliche Funktion bis dato ungeklärt ist. Die Überlieferung erzählt, dass derjenige, der den Daumen aus dem Knauf herauszieht, zur Belohnung seine Kleidung vergoldet bekomme. Viele Dombesucher haben es bisher erfolglos versucht. Die antike Bronzeplastik wurde zur Erinnerung an die Wölfin aufgestellt (manche sagen, es handele sich um eine Bärin) und hat an der Stelle, an der ihr Satan die Seele aus dem Leib riss, ein Loch. Auf der gegenüberliegenden Seite steht ein bronzener Pinienzapfen. Er soll die Seele darstellen. Der Teufel wäre nicht der Teufel, hätte er keine Rachegedanken gehabt. Sein Plan war, die gesamte Stadt unter einem riesigen Sandhaufen zu begraben. Allerdings ging auch dieses Vorhaben schief und der Sand landete nördlich der Stadtmauer. So entstand Aachens Hausberg, der 264 Meter hohe Lousberg.

Der Teufel als Brückenbaumeister in Regensburg

Dass der Teufel hinter menschlichen Seelen her ist und aus diesem Grund gerne einen Pakt schließt, davon berichten uns viele Sagen, so auch jene von der Steinernen Brücke in Regensburg. Diese Donauüberquerung gilt neben dem Dom als wichtigstes Wahrzeichen der Stadt. Sie stammt aus dem Jahr 1135. Eben in jenem Jahr soll es sich zugetragen haben, dass der Brückenbaumeister und der Dombaumeister eine Wette abschlossen, wer als erster mit seinem Bauvorhaben fertig sei. Die Arbeiten am Dom gingen schneller voran. Der Brückenbaumeister holte sich deshalb Verstärkung beim Teufel, der für seine Dienste die ersten drei Seelen forderte, die über die Brücke gehen würden. Mithilfe der magischen Kräfte des Höllenfürsten gewann das Brückenprojekt den Wettlauf mit dem Dombau. Und wie auch in Aachen waren es tierische Seelen, die man dem Gehörnten zutrieb: Ein Hahn, eine Henne und ein Hund waren die ersten Wesen, die das fertige Bauwerk überquerten. Auch hier folgte auf diese Schliche der Stadtbewohner die Wut des Teufels, doch hier gelang es ihm ebenfalls nicht, das Bauwerk – die Brücke – zu zerstören. Lediglich eine Art Buckel darin erinnert heute noch an seinen Angriff.

Die Kanzel im Wirtshaus

Als im Mittelalter in der Gemeinde Ganderkesee unweit von Bremen eine Kirche erbaut wurde, stand eines Tages ein Fremder bei den Handwerkern und fragte, was für ein Gebäude sie da errichteten. Den Männern war der Besucher nicht ganz geheuer und so antworteten sie: »Ein Wirtshaus!«. Das war ganz im Sinne des Teufels – denn kein anderer war der Fremde – und so bot er ihnen seine Mithilfe an. Mit seinen enormen Kräften holte er aus der nahen Heide große Steine herbei und der Bau schritt schnell voran. Bei einer weiteren Steinelieferung stutzte der freiwillige Mitarbeiter jedoch, denn man hatte während seiner Abwesenheit eine Kanzel in das vermeintliche Wirtshaus gebaut. Das erzürnte ihn gewaltig und er geriet in Rage. Mit seinem Huf trat er gegen die Mauer, die jedoch standhielt. Allerdings kann man die Abdrücke seines Pferdefußes und seines peitschenden Schwanzes auf der Wand noch heute sehen.

Der vor Wut stampfende Teufel

In der Münchner Frauenkirche gibt es am Boden in der Eingangshalle den sogenannten »schwarzen Tritt« oder auch »Teufelstritt«. Er zeigt einen menschlichen Fuß mit dem Abdruck eines Spornes an der Ferse. Der Sage nach ärgerte sich der Teufel über die große Zahl von Kirchen in der bayerischen Metropole und beschloss, die Frauenkirche zu zerstören. Bevor der fertige Bau geweiht worden war, stahl er sich durch das Haupttor in die Eingangshalle und amüsierte sich darüber, dass die Kirche seiner Meinung nach keine Fenster besaß. Er stand jedoch an einem Platz, von dem aus alle Fenster durch Säulen verdeckt waren. Im Gefühl des Triumphes stampfte er fest mit seinem Fuß auf den Boden. So entstand der Fußabdruck im Pflaster. Später, als die Kirche geweiht worden war und die Münchener zur Messe strömten, erkannte er seinen Irrtum und verwandelte sich wütend in einen Sturm, um das Gotteshaus zum Einsturz zu bringen, was ihm auch in diesem Fall nicht gelang. Es wird erzählt, dass der Höllenfürst bis heute regelmäßig als heftiger Wind um die Frauenkirche wehen soll.

Jörg von Halsbach (auch Jörg Ganghofer, 1441–1488), Baumeister der Münchner Frauenkirche

Eine andere Sage folgt ebenfalls dem schon bekannten Muster. Der Baumeister der Kirche hatte mit dem Gehörnten einen Pakt geschlossen. Als Lohn für die teuflische Hilfe beim Bau sollte dieser, wie in Aachen, die Seele des ersten Wesens erhalten, das die Kirche betrete. Pünktlich zur Eröffnung erschien der Teufel beim Baumeister. Doch dieser eröffnete ihm, dass die von ihm geleistete Arbeit schlecht gewesen sei, denn er habe die Fenster vergessen. Auch diesmal stand der Teufel wieder an dem Platz, der ihm den Blick auf die Fenster verwehrte. Was folgte, war der schon bekannte wütende Fußstampfer.

Das Teufelsloch

Andere teuflische Orte sind große Felslöcher, so etwa im Ahrtal. Als der Gehörnte dort herumstreifte, freute er sich über den guten Rotwein, den es dort gab. Eines Tages lag er auf dem Berg gegenüber der Burg Are faul in der Sonne, als ihn eine schöne, junge Frau besuchte. Doch als sie dann in seinen Armen lag, verwandelte sie sich plötzlich in seine eigene Großmutter, die gekommen war, um ihn zurück in die Hölle zu holen. Der wütende Fürst der Unterwelt schleuderte sie mit Wucht durch die Felswand zurück dorthin, wo sie hergekommen war. So entstand das Teufelsloch oberhalb von Altenahr. Zumindest wird dies so erzählt.

Der Teufel auf den Britischen Inseln

Spuren im Schnee

In England hat der Teufel ebenfalls seine Fußspuren hinterlassen. In der Nacht vom 8. auf den 9. Februar des Jahres 1855 hatte es in der Grafschaft Devon heftig geschneit. Am Morgen entdeckte man über eine Strecke von rund 160 Kilometern mehrere schnurgerade Spuren mit gespaltenen Hufabdrücken. Interessant war, dass diese Abdrücke nicht nur über Wege, sondern auch durch Gärten, über Mauern und auch größere Hindernisse wie Häuser und Scheunen verliefen. Mancherorts endeten die Abdrücke plötzlich, als ob jemand weggeflogen sei, um dann an anderer Stelle wiederaufzutauchen. Auch aus anderen Grafschaften wie Dorset und dem weiter entfernten Lincolnshire wurden solch sonderbaren Hufspuren gemeldet. Wer war der Urheber? Ein Tier? Man fragte sich, wer solch eine lange Strecke in nur einer Nacht zurücklegen könne. Manche Menschen bewaffneten sich und gingen auf die Suche. Schnell wurden böse Mächte und der Leibhaftige selbst als Verursacher in Betracht gezogen. Es gab allerdings andere Erklärungsversuche: Ein Schwindler habe mit einem heißen Metallteil die Spuren in den Schnee gebrannt. Oder es sei ein aus einem Zoo entlaufenes Känguru gewesen. Vielleicht auch ein Affe. Es könne aber auch ein Wetterballon gewesen sein, der sich losgerissen und mit einem an einem Seil hängenden Hufeisen für die sonderbaren Spuren gesorgt habe. Man dachte sogar an springende Waldmäuse. Tatsache ist, dass bis heute kein Wissenschaftler genau erklären kann, was sich in jener Nacht im Süden Englands tatsächlich abgespielt hat. Übrigens wurden schon mehrfach vergleichbare Sichtungen gemacht. Im März des Jahres 1840 sind in den schottischen Highlands, so berichtete die Londoner *Times,* mehrfach Schneespuren eines unbekannten Huftieres von beträchtlicher Größe aufgefallen, die niemand zu deuten wusste. 1950 und 1957 tauchten ähnliche Spuren am Strand auf (wieder in Devon). Und in der gleichen Region erneut am 12. März des Jahres 2009.

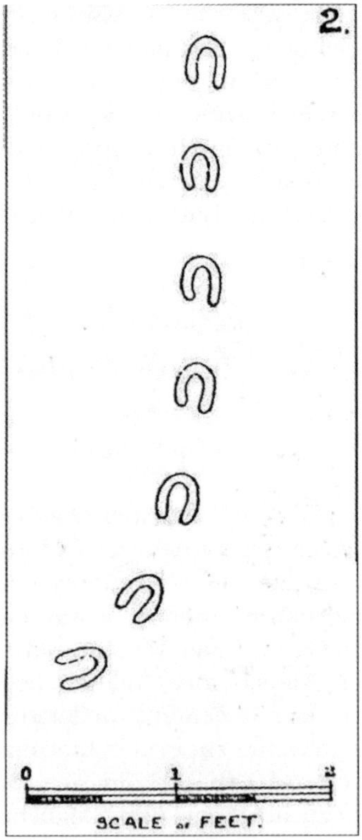

Die Fußabdrücke des Teufels, wie sie 1855
in der Zeitung *The Illustrated London News* abgebildet worden waren

Der Teufel in Musik, Malerei, Literatur und Film

Das Teufelsbild hat sich in den letzten Jahrzehnten gewandelt. Ein gutes Beispiel dafür ist die Werbung. Hier tritt der Höllenfürst schon mal als harmloses Maskottchen auf. Er ist im kollektiven Unterbewusstsein des modernen Menschen fest verankert, quasi allgegenwärtig – und sei es nur in Redewendungen (»teuflisch gut« ist heute ein Kompliment). Vor allem aber in der modernen Musik ist er sehr präsent.

Der Teufel in der Musik

Eine ganze Branche innerhalb der aktuellen Rockmusikszene lebt gut vom Teufel. Sie hat ihm zahlreiche neue Gesichter gegeben. Die ganz zu Beginn schon erwähnten Rolling Stones waren in den 60er-Jahren immer der böse Gegenpol zu den braveren Beatles, zumindest optisch. Sie besangen die Lady Madonna mit den Kindern um sich herum, die Stones widmeten bald darauf ein ganzes Album den satanischen Majestäten (*Their Satanic Majesties Request,* 1967). Bücher wie Ira Levins *Rosemary's Baby* (das schon bald nach seinem Erscheinen von Roman Polanski verfilmt wurde) waren zur gleichen Zeit Kassenschlager und das Genre der Grusel- und Horrorfilme hatte Hochkonjunktur.

Während Mick Jagger, Keith Richards und Co. thematisch nicht auf Dauer beim Teufel verweilten, wurde Satan ab Ende der 60er-Jahre quasi zum Arbeitgeber für eine kaum überschaubare Zahl an Rockmusikern. Damals wurden Rock- und Popmusik noch von Leuten unter 30 für Leute unter 30 gemacht. Man pflegte den Generationenkonflikt und konnte Mama, Papa, Oma und Opa, die Nachbarn und natürlich die Lehrer wunderbar mit der teuflischen Rockmusik erschrecken. Wenn ein inzwischen von der Queen geadelter Sir Mick Jagger noch mit Mitte 70 seinem Mitgefühl für den Teufel Ausdruck verleiht, kann man dies heute vielleicht als Anachronismus sehen, wenn man das Lied auf die Zeit seiner Entstehung reduziert. Oder auch als Ausdruck von Nostalgie. Wir können darin allerdings auch ein Beispiel für die Zeitlosigkeit des Themas erkennen.

Diabolus in Musica

Es waren die Heavy-Metal-Bands der späten 60er und frühen 70er, die mit düsteren Klängen, manchmal wild bedrohlichem Äußeren und oft schwermütigen Texten zunächst für Furore sorgten und dann Kasse machten. Daraus entwickelten sich später weitere Subgenres wie der Doom Metal ab Mitte der 80er-Jahre mit seinen oft religiösen Textbezügen oder der Black Metal, der gerne und häufig mit satanischen (und manchmal auch satanistischen) Themen spielte. Dabei sprechen dann nicht allein Text und Musik, sondern das Gesamtbild – das Styling, Auftreten und Verhalten der Musiker, die Bühnenshow, die Albencover, das Booklet etc. – die entsprechende Zielgruppe an. Im Laufe der Jahrzehnte entstanden weltweit eine abgrenzbare Musikszene und ein trotz Absatzkrisen innerhalb der Musikindustrie florierender Markt mit spezifischen Festivals und Zeitschriften wie *Metal Hammer* oder *Rock Hard.* Im Zeitalter des preiswerten oder kostenlosen Musikdownloads spielt in dieser Szene das Zusammenspiel von Musik, CD-Cover und -Booklet eine große Rolle, was relativ stabile CD-Verkäufe bewirkt.

Kennen Sie den *Diabolus in Musica,* das Teufelsintervall? Es handelt sich um den Tritonus, ein Intervall, das drei ganze Töne umfasst. Für manche Ohren klingt der Tritonus dissonant und es war lange Zeit strengstens verboten, ihn in der Musik zu verwenden – er sei teuflisch, hieß es. Logisch, dass einige heutige Heavy-Metal-Bands ihn gerne benutzen. Wer sich jetzt nichts Konkretes darunter vorstellen kann, möge sich als Beispiel den Song *Black Sabbath* von der gleichnamigen Birminghamer Band anhören. Black Sabbath waren als erste mit dieser Thematik kommerziell erfolgreich. *Diabolos in Musica* – der Teufel in der Musik ... Diese klangvolle Bezeichnung übernahm die Thrash-Metal-Band Slayer dann auch als Titel für ihr siebtes Album und eine spanische Symphonic-Metal-Band als Bandnamen.

Iron Maiden gingen in *The Number of the Beast* auf die Zahl 666 ein. Zahlreiche andere Rock- und Popstars haben teuflische Bezüge in ihre Musik, in ihr Image und in ihre Bühnenshow eingebaut. Marilyn Manson etwa, der einen Song mit dem Titel *Antichrist Superstar* aufnahm. Auch die deutsche Band Die Ärzte befasste sich mit der Bestie in Menschengestalt. Dass der Teufel die Musikgeschichte bewegt, ist allerdings kein neuartiges Phänomen – schauen wir daher einmal in der Zeit zurück.

Musik aus dem Traum

Als Traumgestalt sei der Leibhaftige im frühen 18. Jahrhundert dem Komponisten und Violinisten Giuseppe Tartini (1692–1779) erschienen und habe mit dem damals Zwanzigjährigen dabei einen Handel geschlossen, so wird berichtet. Der Teufel habe ihm – im Austausch für seine Seele – im Traum eine unvergleichlich schöne Komposition vorgespielt, die Tartini nach dem Aufwachen festzuhalten versuchte, was ihm auch gelang, wenn auch

Der Teufel spielt dem schlafenden Giuseppe Tartini die Teufelstrillersonate vor
(Louis-Léopold Boilly, 1761–1845)

nur als schwacher Widerhall des Gehörten. Die *Teufelstrillersonate,* wie er die Komposition nannte, erschien ihm selbst auch später noch als sein bedeutendstes Werk. Die Erfolge, die er als Musiker feierte, sollen auf das Konto des Teufels gegangen sein, so meinten diejenigen, die angesichts der Virtuosität seines Geigenspiels mutmaßten, dies könne nicht mit rechten Dingen zugehen. Schon damals glaubten manche Leute, dass Musiker, die ihr Instrument perfekt beherrschen, ihre Seele dem Teufel verkauft haben müssten – dies wurde später auch von Niccolò Paganini und heute sogar vom Niederländer André Rieu behauptet. Dass es sich bei diesen Musikern hauptsächlich um Geiger handelt, ist kein Zufall, denn die Geige gilt als Instrument des Teufels.

Der Teufelsgeiger

Dass er einen Pakt mit dem Teufel geschlossen habe, wurde im 19. Jahrhundert, wie soeben gesehen, auch über Niccolò Paganini (1782 bis 1840) gesagt, der bis heute als »Teufelsgeiger« gilt. Nachdem Johann Wolfgang von Goethe ihn in Weimar in persona erlebt hatte, notierte der Dichterfürst, er habe »eine Säule von Flammen und Rauch« zu sehen geglaubt, sonderbare Stimmen gehört und einen am Himmel vorbeiziehenden Meteor wahrgenommen. Was Paganini auf der Geige zelebrierte, galt für andere als technisch gar nicht spielbar, mehr oder weniger also als nicht menschlich. Hinzu kam, dass Paganini eine besondere Aura besessen haben muss, die ihn für andere übernatürlich erscheinen ließ. Er war dünn und blass, hatte abstehende Haare und wirkte auf seine Mitmenschen eher düster. Er trug eine Brille mit blauer Tönung und hatte kaum Zähne im Mund. Das änderte jedoch nichts an der Tatsache, dass er eine Art Womanizer war und einen ausschweifenden Lebensstil pflegte.

Niccolò Paganini (Pierre Paul de Pommayrac, 1807–1880)

Sein Image pflegte er gerne. Paganini spielte schon mal nachts auf Friedhöfen und dürfte sich über zahlreiche Gerüchte, die über ihn im Umlauf waren, gefreut haben, denn sie förderten sein Geschäft. Die Menschen strömten in die Konzerte des »Teufelsgeigers«. Eine solche Virtuosität könne nicht mit rechten Dingen zugehen, so munkelten einige, Paganini müsse vom Teufel besessen sein.

Der Teufelsgeiger ist denn auch der Titel des 2013 erschienenen Kinofilms über das Leben Paganinis, in dem der Teufelsgeiger unserer Tage, David Garrett, den illustren Violinvirtuosen spielt. Garrett äußerte über Paganini, er sei der Rockstar seiner Zeit gewesen. Zuvor war Paganini auch schon vom Enfant terrible der Schauspielerei, Klaus Kinski, verkörpert worden, der sich so stark mit Paganini identifizierte, dass er sich ebenfalls die Zähne ziehen lassen wollte. Da sich für Kinskis Filmprojekt weder ein Investor noch ein Regisseur finden ließ, inszenierte und finanzierte er es schließlich selbst und schuf ein exzentrisches Werk, in das er autobiografische Züge einfließen ließ. Kinski selbst stilisierte sich gern als teuflisch und ließ entsprechend diabolische Züge in die Schurkenrollen einfließen, die ihn berühmt gemacht haben.

Der Teufel in der klassischen Musik

In der Oper schaffte es der Teufel in Louis Spohrs *Faust* (1816) auf die Bühne, ebenso in *Mefistofele* (1868) von Arrigo Boito und *Dr. Faustus* (1925) von Ferrucio Busoni. Im *Freischütz* von Carl Maria von Weber und in der *Geschichte vom Soldaten* von Igor Strawinsky wird der Teufelspakt thematisiert. Instrumentale Werke mit Teufelsbezug sind etwa die *Nacht auf dem kahlen Berge* von Modest Mussorgsky oder *Der Hexensabbath* aus der *Sinfonie fantastique* von Hector Berlioz.

Johann Strauss junior schrieb 1862 für den Faschingsball der Wiener Künstlervereinigung Hesperus ein Stück, das er *Luzifer-Polka* nannte. In Karlheinz Stockhausens Opernzyklus *Licht* (entstanden zwischen 1977 und 2003) ist Luzifer eine der Hauptfiguren.

Der Typ an der Kreuzung – der Teufel im Blues

Der Blues, die etwa ab 1910 in den amerikanischen Südstaaten entstandene Musik der schwarzen Bevölkerung, hat den Teufel oft zum Thema. Schon seit dem 16. Jahrhundert gibt es in England die Redewendung *to have the blue devils*, wenn sich jemand sorgte oder trübe Gedanken hatte. *Devils* deshalb, weil manch einer glaubte, dass schlechte Gedanken von bösen Geistern hervorgerufen würden. Und nicht wenige Bluesmen in den Anfangsjahren teilten diese Auffassung, so scheint es. Ein Bild, das in vielen Bluestexten immer wieder auftaucht, ist das vom Musiker, der eine geheimnisvolle Kreuzung aufsucht, um dort einen noch geheimnisvolleren Typen zu treffen, der ihm die Gitarre stimmt, auf der der Bluesman von das an vollendet musiziert. Dafür hat er aber dem Teufel seine Seele verkauft. Der Blueser Robert Johnson (1911 bis 1938) galt für viele seiner Zeitgenossen und späteren Fans als solch einer. In der Musikerszene ging das Gerücht um, dass der eher als bescheidenes Talent geltende Johnson es in nur kurzer Abwesenheit zur Virtuosität auf seinem Instrument gebracht habe. Der Musiker selbst nährte dieses Gerücht, indem er in seinem Song *Crossroad Blues* sang, dass ihn an der Kreuzung die Dunkelheit erwischt habe, und in einem späteren Titel, dass ein Höllenhund auf seiner Fährte sei (*... there's a hellhound on my trail*). Johnson schrieb Textzeilen wie *hello satan, I believe it's time to go.* Hatte er sein frühes Ende vorhergesehen? Er starb im Alter von 27 Jahren – angeblich vergiftet von einem eifersüchtigen Ehemann. Das ist genau das Alter, in dem auch diverse andere große Musiker von der Lebensbühne abgetreten sind: Brian Jones, Jimi Hendrix, Janis Joplin, Jim Morrisson, Kurt Cobain, Amy Winehouse ...

Auch die Bluesmen wurden von der Kirche misstrauisch beäugt. Ähnlich wie die mittelalterlichen Spielleute galten sie als gottlose, mit dem Teufel im Bunde stehende Gesellen. Und viele nutzten dieses Image auch für ihre Zwecke.

Der Teufel in der modernen Musik

Als aus dem Blues der Rock'n Roll entstand, wechselte der Teufel in den Songtexten gerne mal das Geschlecht. Big Joe Turner sang 1954 in *Shake, Rattle and Roll* vom »Devil in Nylon Hose«. Und Dave Gardner befasste sich mit »the Devil's Wife, the old mad Witch«. Bald darauf stellte Elvis Presley in *Devil in Disguise* fest: »You look like an angel, walk like an angel, talk like an angel, but I got wise, you're the devil in disguise«. Roy Orbison bat die »Devil Doll«, ihm nicht das Herz zu brechen. Dass die Teufelin gar nicht unbedingt böse, dafür aber hübsch ist, stellte Eddie Cochran in *Pretty little Devil* fest.

1967 veröffentlichten die doch nicht ganz so braven Beatles ihr epochales Werk *Sgt. Pepper's Lonely Hearts Club Band* und bildeten in einer Collage auf dem Plattencover auch Aleister Crowley ab. Die Pilzköpfe werden sich eher nicht ernsthaft mit dem Okkultisten beschäftigt haben, folgten aber dem damaligen Zeitgeist. Anders als die Rolling Stones, die ein Bild vom Teufel zeichneten. Und von Mick Jagger wie auch von Keith Richards ist bekannt, dass sie die Werke von Éliphas Lévi gelesen hatten, der im 19. Jahrhundert einer der Begründer des modernen Okkultismus gewesen war.

Zudem pflegten sie Umgang mit dem Regisseur Kenneth Anger, der okkulte Filme drehte. Mick Jagger komponierte auch die Filmmusik zu einem von Angers Streifen, in dem eine schwarze Messe gezeigt wurde.

Coven brachten mit ihrem Debütalbum *Witchcraft destroys Minds and reaps Souls* Ende der 60er-Jahre eine Platte heraus, die sich komplett mit okkulten Themen beschäftigte und auf einer LP-Seite eine satanische Messe zum Thema hatte. Das erste Stück auf dem Album trägt den Titel *Black Sabbath.* Auf dem rückseitigen Cover ist bei den Musikern dann auch das Teufelszeichen zu sehen, die Faust mit ausgestreckten Zeige- und kleinem Finger. Diese »Pommes-Frites-Gabel« wurde innerhalb der Metalszene zu einem beliebten Symbol. Die Musik klang streckenweise ein wenig nach den damals sehr populären Jefferson Airplane und man nahm textlich auch schon gerne mal Bezug zur für manche Männer ungünstigen Macht teuflischer Frauen.

Etwa zur gleichen Zeit stieg eine Band namens Black Widow mit britischem Okkult-Rock auf, der dann weitere folgten: Die populärsten Vertreter dieses Genres sind bis heute die schon erwähnten Black Sabbath. Die Band um Sänger Ozzy Osbourne und Gitarrist Toni Iommi stammte aus einem Arbeitervorort von Birmingham. Im Gegensatz etwa zum intellektuellen Mick Jagger hatte von ihnen niemand einen höheren Schulabschluss oder gar studiert. Die Musiker starteten zunächst als typische Bluesrockband, die sich an den schwarzen amerikanischen Vorbildern orientierte, wie es Ende der 60er-Jahre viele taten. Auf die Idee, sich ab August 1969 Black Sabbath zu nennen, kam man nach dem Anschauen des gleichnamigen Horrorfilms mit Boris Karloff aus ebenjenem Jahr 1969. Nach eigenen Aussagen, die in einem Interview festgehalten wurden, entschied sich das Quartett – genervt vom Love-and-Peace-Geist der Hippiebewegung –, fortan über die dunklen Seiten des Lebens zu singen und harte, oftmals düstere Musik mit vielen Moll-Akkorden zu spielen. Eingesetzt wurden akustische Effekte wie Donnergeräusche und Friedhofsglocken sowie der besagte Tritonus, das »Intervall des Teufels«. Ein Black-Sabbath-Konzert sollte für das Publikum so etwas sein wie der Horrorfilmbesuch im Kino. Terence »Geezer« Butler, der Bassist der Band, hatte eigentlich Priester werden wollen und besaß seit frühester Kindheit ein Faible für das Okkulte. Die Texte der Band waren direkt, nahmen oft Bezug zum christlichen Teufelsbild als Gegner, Verführer und Zerstörer. Im Song *N.I.B.* tritt Luzifer auf. Hier ist er der Teufel, der sich durch die Liebe zu einer Frau in einen guten Menschen verwandelt. Zumindest äußert dies der Texter Terence Butler. Man kann die Zeilen aber auch als ein verführendes Versprechen deuten, das Luzifer einer Frau macht, um sie für sich zu gewinnen.

Es spielt keine Rolle, ob die Musiker selbst je Kontakt zu Satanisten hatten (vermutlich hatten sie es nicht), denn im Vordergrund stand das Plakative, die Show. Ihre eigenen Informationen bezog die Band nicht aus literarischen Quellen, sondern aus Horrorfilmen. Allerdings betonten die Musiker auch, dass die Teufelsthemen nur ein kleiner Teil ihres künstlerischen Schaffens darstellten und man lieber Songtexte über Politik, Umweltschutz und gegen den Krieg schreiben wolle. Wie so oft im Musikbusiness war es die Industrie, die das letzte Wort hatte. Vertigo, die Plattenfirma der Band, witterte das ganz große Geld und überredete die Musiker zum Okkult-Image. Das Konzept ging auf, die Mitglieder von Black Sabbath wurden schnell zu Superstars. Der Teufel geriet zur Unterhaltungsfigur, ähnlich wie Graf Dracula. Zahllose Bands folgten dem Beispiel der Birminghamer, mit dem Teufel konnte man gute Geschäfte machen.

Der Teufel in der Malerei

Was die Malerei betrifft, so taucht der Teufel in der christlichen Kunst ungezählte Male als Motiv auf.

Albrecht Dürer schuf im ausgehenden Mittelalter einen Holzschnitt, auf dem der heilige Michael und andere Engel zu sehen sind, wie sie mit Waffengewalt gegen den Teufel und geflügelte Drachen vorgehen. In Brüssel hängt Pieter Bruegels Gemälde *Der Sturz der rebellierenden Engel,* das uns strahlende, Posaune blasende Engel gleich neben wütenden Artgenossen zeigt, die mit Lanzen teuflische Wesen abstechen, hier dargestellt als Lurche, Echsen, Fische oder Insekten. In der Dresdener Galerie der Alten Meister ist ein Werk von Tintoretto aus dem Jahr 1592 zu sehen. Ein siebenköpfiger Drache repräsentiert den Teufel, umgeben von feuerspeienden Dämonen. Der strahlende, heilige Michael sticht mit seiner Lanze nach unten auf ihn ein. Überhaupt ist dieser Erzengel in der Kunst sehr oft derjenige, der den Dämonen Einhalt gebietet. Peter Paul Rubens malte ihn in schimmernder Rüstung und mit rotem, im Wind wehendem Mantel. Michael stößt ein schlangenartiges, übles Wesen in die Tiefe und wird dabei von weiteren Engeln, die Blit-

Höllensturz (Albrecht Dürer, um 1500)

ze hinabschleudern, unterstützt. Und auch die Sünder, die sich vom Teufel haben verführen lassen, sinken mit ihm herab. Raffael, Johann Michael Rottmayr, William Blake, Eugène Delacroix, Gustave Doré oder Marc Chagall sind weitere bedeutende Künstler, um nur einige zu nennen, die uns beeindruckende Darstellungen des Höllensturzes hinterlassen haben. Der bekannteste gemalte Höllensturz des Menschen gehört zu den Darstellungen des Jüngsten Gerichts, die Michelangelo in der Sixtinischen Kapelle in Rom verewigte. Die Epoche der Romantik im 19. Jahrhundert hat bei vielen Menschen großes Interesse an den vorchristlichen Kulturen in Europa geweckt. Vor allem die Bilder der Präraffaeliten, die in England zu jener Zeit sehr populär waren, beschäftigten sich mit der Mythologiethematik.

Der Teufel in der Literatur

In der mittelalterlichen Literatur tauchte der Teufel anfangs hauptsächlich in Klöstern auf, um dort Nonnen und Mönche vom rechten Glauben abzubringen, was ihm auch oft gelungen sein soll.

In den Volksmärchen ist er meistens der Tölpel, der die Helden der Erzählungen zwar in Versuchung führt, am Ende aber fast immer ausgetrickst wird. Diesen Part hat er auch im Puppentheater inne. Ab dem 17. Jahrhundert wurde der Teufel mehr und mehr zur Gestalt in Grusel- und Spukgeschichten. Das war bei Dante Alighieri noch ganz anders.

Eine Gruppe Teufel macht Jagd auf Mönche (18. Jahrhundert)

Die göttliche Komödie

Fast 14 Jahre lang arbeitete der italienische Dichter Dante Alighieri (1265 bis 1321) an seiner *Divina Commedia* (*»Göttliche Komödie«*). Sie gilt bis heute als bedeutendste Dichtung der italienischen Literatur. Auf ihr basiert das Italienische als Schriftsprache. In diesem epochalen Werk Dantes spiegelt sich das theologische Weltbild zu Beginn des 14. Jahrhunderts. Viele bildende Künstler wurden deutlich beeinflusst von diesem zeitlos anmutenden Werk. Vor allem die Malerei bediente sich umfangreich aus der *Göttlichen Komödie,* wie zahlreiche erhaltene Gemälde und Fresken zeigen. Für unsere Thematik ist insbesondere die Unterwelt von Interesse.

In Ichform erzählt Dante seine Reise durch die drei Reiche der Toten. Er erfährt zunächst Strafen für seine Sünden, durchläuft dann Läuterung im Fegefeuer *(Purgatorio)* und gelangt am Ende ins Paradies. Doch zuerst steigt er hinab in die Hölle, wo er so manchem Teufel begegnet. Die Hölle *(Inferno)* wird hier als ein großer unterirdischer Trichter beschrieben. Er reicht bis zum Mittelpunkt der kugeligen Erde. Das Inferno ist in neun Höllenkreise unterteilt. Dort landen diejenigen, die aufgrund ihrer Sünden zur ewigen Verdammnis verurteilt worden sind. Das Fegefeuer ist der Läuterungsbereich für Seelen, die noch auf Vergebung hoffen dürfen. Durch sieben Bußbezirke gelangen sie schließlich zum irdischen Paradies auf dem Gipfel eines Berges. Das nächste Ziel ist das himmlische Paradies *(Paradiso)* mit neun Himmelssphären. Dort wartet die ewige Seligkeit auf die Seelen der Geretteten. Entstanden ist die beschriebene Hölle durch den Hinabsturz Luzifers. Durch die Wucht des Aufpralls ist auf der Südhalbkugel der Erde ein hoher Berg entstanden, wo sich der Bereich der Läuterung befindet. In den einzelnen Abschnitten der Hölle büßen die Sünder für verschiedene Taten, zum Beispiel für Maßlosigkeit, Bosheit und Verrat. Solche, die in ihrer irdischen Zeit habgierig waren, müssen auf ewige Zeit Felsbrocken vor sich herschieben, Stifter von Zwietracht werden von Teufeln immer wieder neu zerhackt – für jedes Verbrechen, das begangen wurde, erfahren die Täter in der Hölle eine zynische Umkehrung ihrer Missetaten. Falschen Wahrsagern beispielsweise, welche vorgaben, in die Zukunft schauen zu können, wird der Körper so verdreht, dass ihr Gesicht nach hinten, in die Vergangenheit, blickt. Überall sind

Der dreimäulige Luzifer
(Petrus de Plasiis, 1491)

Teufel am Werk, wie in der Region für die Bestechlichen: Dort holen sie diese immer wieder aus kochendem Pech, um sie am Ufer mit Gabeln zu traktieren. In der untersten Höllentiefe steckt der gestürzte Luzifer im ewigen Eis. Mit seinen drei Mäulern zermalmt er Judas, Brutus und Cassius. Es ist der Bereich der Verräter an ihren Herrn und Wohltätern.

Die Einflüsse von Dantes kapitalem Werk lassen sich auch in William Blakes *The Marriage of Heaven and Hell* (*»Die Hochzeit von Himmel und Hölle«*) aufzeigen, in dem der Dichter ebenfalls der Hölle einen Besuch abstattet.

Der Teufelspakt in der Literatur

Teuflische Verträge spielen in der Literatur oft eine Rolle. In Goethes *Faust* etwa oder in E.T.A. Hofmanns *Die Elixiere des Teufels.* Im 19. Jahrhundert trägt der Leibhaftige in unzähligen Spukgeschichten allerlei Masken oder nimmt Tiergestalt an. Viele Autoren widmeten sich damals in ihren Werken auch gerne dem Thema der Teufelsanbetung und des Satanismus.

Als er selbst erscheint Luzifer in manchen dramatischen Werken, so in Christopher Marlowes *Tragical History of Doctor Faustus* (1604) oder in *Lucifer* von Joost van den Vondel (1654). In *Paradise Lost* (1667) von John Milton ist Satan ein stolzer Engel. Er lehnt sich gegen Gott auf, wird gestürzt und landet in der Hölle – die alte Geschichte. In der Hölle kann er all seine Fähigkeiten ausspielen. So tritt er auch im Garten Eden auf, als Schlange, um Adam und Eva dazu zu bringen, vom Baum der Erkenntnis zu essen. Der Satz aus dem Werk *»Better to reign in hell than to serve in heaven«* wurde oft zitiert. John Milton gilt als Begründer der literarischen Strömung, die sich zuerst mit dem Satanismus beschäftigt hat.

Nobelpreisträger Giosuè Carducci erregte im Jahr 1865 mit seiner »Inno a Satana« (»Hymne an Satan«) Aufsehen.

Die schon erwähnte *Satanische Bibel* von Anton Szandor LaVey (1969) gilt als eine der Grundlagen des modernen Satanismus. Satan erscheint darin als einer der vier Kronprinzen der Hölle. Eines der vier Kapitel im Buch trägt seinen Namen.

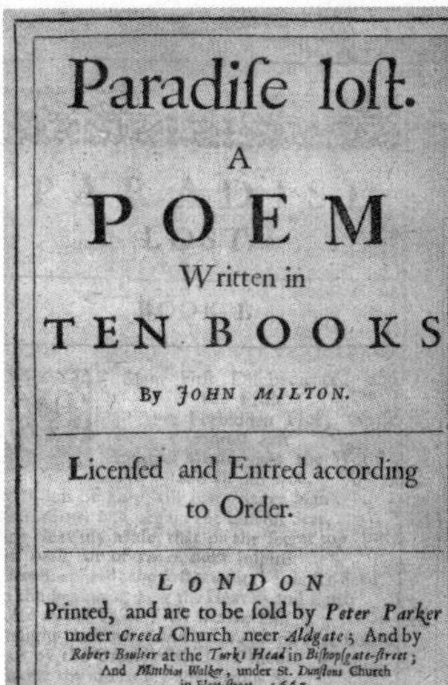

Paradiſe loſt.
A
POEM
Written in
TEN BOOKS
By *JOHN MILTON.*

Licenſed and Entred according to Order.

LONDON
Printed, and are to be ſold by *Peter Parker* under *Creed* Church neer *Aldgate*; And by *Robert Boulter* at the *Turks Head* in *Biſhopſgate-ſtreet*; And *Matthias Walker*, under St. *Dunſtons* Church in *Fleet-ſtreet*, 1667.

Titelseite der Erstausgabe von John Miltons *Paradise Lost* (1667)

Kartenspiel mit dem Teufel (Otto Sinding, 1842–1909)

Der Teufel in Film und Fernsehen

Je nach Genre erleben wir den Teufel auf der Leinwand mal als komische, mal als ernsthafte oder böse Figur. Die Zahl der Kino- und Fernsehfilme, in denen es die Menschen mit ihm zu tun bekommen, ist riesig – sie alle aufzuzählen würde hier den Rahmen sprengen. Einige wichtige seien hier dennoch genannt: so etwa Roman Polanskis Klassiker *Rosemary's Baby* (1968), in welcher besagte Rosemary während einer schwarzen Messe, die sie, wie sie zunächst denkt, im Traum erlebt, vom Teufel vergewaltigt wird und schließlich dessen Kind austrägt. *Der Exorzist* (1973), *Das Omen* (1976), *Exorzist II – der Ketzer* (1977), *Halloween – die Nacht des Grauens* (1978) sind weitere Beispiele.

Oder auch *Angel Heart* (1987) mit einem bravourösen Robert de Niro als »Louis Cypher«. Legendär ist die Szene, in der der mächtige Louis Cypher, der – das Wortspiel lässt es erahnen – natürlich kein anderer ist als Luzifer selbst, seinen Besucher, dessen Seele ihm schon gewiss ist, auch wenn dieser es noch nicht ahnt, angelegentlich fragt: »Wussten Sie, dass in manchen Kulturen das Ei als Symbol für die Seele gilt, Mr. Angel?« Während dieser symbolträchtigen Sequenz pellt De Niro/Cypher ein hartgekochtes Ei und verspeist es genüsslich.

Die Reihe ließe sich beliebig fortsetzen, erwähnt seien hier in jedem Fall noch *Die letzte Versuchung Christi* (1988), *God's Army – Die letzte Schlacht* (1995), *Im Auftrag des Teufels* (1997), *Die neun Pforten* (1999), *Little Nicky* (2000), *Exorzist: der Anfang* (2004), *Der Exorzismus von Emily Rose* (2005), *Constantine* (2005), *Requiem* (2006), *Das Omen* (2006), *Ghost Rider* (2007), *The Reaping – Die Boten der Apokalypse* (2007), Gonger *– das Böse vergisst nie* (2008), *Gonger 2 – das Böse kehrt zurück* (2010), *Devil – Fahrstuhl zur Hölle* (2010). Der Experimentalfilm *Lucifer Rising* (1966) von Kenneth Anger war stilprägend für spätere Musikvideos.

In unseren Tagen ist Luzifer gesellschaftsfähig geworden als Protagonist der gleichnamigen Serie. Darin trägt der Teufel nicht Prada, sondern Armani. Der Herr der Hölle ist selbiger überdrüssig geworden und möchte von nun an als der schillernde Lucifer Morningstar, Nachtclubbesitzer und Womanizer – wie der Jagger'sche Teufel ein Mann von Wohlstand und Geschmack –, auf der Erde leben. Genauer gesagt: in Los Angeles, welch passender Name. Denn auch hier erscheint er als gefallener Engel ... der seine Engelsflügel allerdings unbedingt loszuwerden wünscht. Durch sein Verweilen auf der Erde bekommt er selbst zunehmend menschliche Züge. Er verkörpert den rebellischen Sohn, der sich dem Willen seines unergründlichen Vaters widersetzt, und diese problematische Vater-Sohn-Beziehung prägt sein Sein und Handeln – der Teufel findet sich gar auf der Psychotherapeutencouch wieder. Auch leidet er unter einer Identitätskrise: Er ist nicht der Inbegriff des Bösen, sondern sieht sich als Strafenden, der die Sünden der Menschen lediglich ahndet, und ist es leid, für diese Verfehlungen als Sündenbock herzuhalten. Wie auch im Stones-Hit *Sympathy for the Devil* sind es die Menschen selbst, die aus niederen Motiven Böses tun, der Teufel wirkt dabei eher als ein Korrektiv.

Der Teufel und die Politik

Ein Korrektiv wäre auch in der Politik ab und an vonnöten. Die Geschichtsbücher belegen es zuhauf: Könige, Kaiser, Diktatoren, demokratisch gewählte Staatsmänner – in jeder Epoche haben einzelne Personen oder kleine Gruppen die ihnen von der Gemeinschaft (freiwillig oder unfreiwillig) überlassene Macht missbraucht. Dies führte allzu oft zu Krieg, Leid und Not. Wahnsinnige Machthaber haben ganze Generationen ins Unglück gestürzt. Ein Instrument, ihre Mitmenschen in sinnlose Kriege zu treiben, war und ist die Hetze. Der Gegner wird »verteufelt«, man selbst stellt sich als Retter aus einer Notsituation dar.

Die Achse des Bösen

Ein Beispiel aus der jüngeren Vergangenheit kennen wir alle: Als »*Axis of Evil*« (»Achse des Bösen«) bezeichnete am 29. Januar 2002 der damalige US-Präsident George W. Bush in seiner Rede zur Lage der Nation jene Länder, die er der Unterstützung von Terroristen und des Strebens nach Massenvernichtungswaffen bezichtigte. Konkret meinte er damit den Irak, Iran und Nordkorea. Sein Amtsvorgänger, der Ex-Westerndarsteller Ronald Reagan, hatte einige Jahre zuvor, während der Zeit des Kalten Krieges, die Sowjetunion ein »*Evil Empire*« (»Reich des Bösen«) genannt und zu einem Kreuzzug gegen den Kommunismus aufgerufen. Besonders in der US-amerikanischen Politik wird schnell zu solchen verteufelnden Beschreibungen gegriffen. Die Botschaft an die Bevölkerung ist klar: »Schaut hin, dort ist das Böse, die üble Gefahr, die wir bekämpfen müssen!« In diesem Zusammenhang ist interessant, dass Bushs kanadischer Redenschreiber und Biograph David Frum in der ZDF-Sendung *Aspekte* dazu sagte, dass es in dem ursprünglichen, von ihm verfassten Text »*Axis of Hate*« (»Achse des Hasses«) gelautet und entweder Bush selbst oder sein Chef-Redenschreiber Michael Gerson den Ausdruck in »Achse des Bösen« geändert habe. Seiner Meinung nach habe man damit der Redewendung eine religiöse Bedeutung geben wollen. Viele Menschen in Nordamerika waren damals und sind wohl auch heute noch der

Meinung, dass ein endgültiger Kampf zwischen Gut und Böse stattfinden muss. In der Offenbarung des Johannes wird dieser Kampf biblisch angekündigt. Vor allem die evangelikalen Christen in den USA scheinen diese Konfrontation tatsächlich in naher Zukunft zu erwarten.

Die Verteufelung Andersdenkender

Unter der Regierung von Donald Trump wurde dies noch deutlicher. Plötzlich war nicht nur vom Kampf des Guten gegen das Böse die Rede, sondern das Böse wurde mehr und mehr konkretisiert, auch im eigenen Land. Nicht abstrakt als »der Teufel«, dessen personale Existenz Papst Franziskus regelmäßig ins Bewusstsein seiner Zuhörer rief, sondern in Form all derer, die den religiösen Vorstellungen der Gläubigen entgegenstanden und -wirkten – seien es nun die Demokraten, Abtreibungsbefürworter, Homosexuelle, Schwarze, China, der Iran, die Clintons oder das Ehepaar Gates. Gleichzeitig wurden aber auch wieder unsichtbare Gegner herbeifantasiert, auf die Art und Weise, wie man es aus früheren Zeiten kennt, so beispielsweise geheimnisvolle Kinderschänder, die angeblich ihre Opfer in unterirdischen Kellern gefangen halten und ihnen Blut abzapfen. Oder, wie schon so oft in der Geschichte, eine unsichtbare Geheimgesellschaft im Hintergrund.

Trump sah seine Chance, von eigenem politischem und persönlichem Versagen abzulenken, im Anheizen von Konflikten und Konfrontationen. Fridays for Future, Black Lives Matter und andere Bürgerbewegungen werden schnell zu Zielscheiben für rassistische und diskriminierende Angriffe. Die USA sind dabei gar nicht die Ausnahme, sondern nur ein Beispiel. Auch bei uns in Mitteleuropa sind entsprechende Tendenzen immer stärker erkennbar. Mit dem Finger auf andere zu zeigen, ist die einfachste Art der Schuldzuweisung und des Ablenkens von sich selbst und den eigenen Verfehlungen und Unzulänglichkeiten. Diverse politische Parteien haben diese altbewährte Vorgehensart zu ihrer bevorzugten Methode gemacht. Immer skurriler wurden und werden die Verschwörungsmythen bei uns, vor allem mit dem Auftreten der weltweiten Coronapandemie mit all ihren Nebenerscheinungen. Konstruierte Feindbilder sind allerorten. Der *deep state* (»der Staat im Staate«) wird heraufbeschworen. »Illuminaten« und »Freimaurer« wurden gerne als Feindbilder genommen, auch Juden, Bänker wie die Rothschilds, heutzutage die schon genannten Gates' und Clintons oder gar »reptiloide« Außerirdische (von denen ist dann der Weg zum Teufel der alten Schule nicht mehr weit). Es ist einerseits interessant zu beobachten, was da wohl noch kommen mag, andererseits sind die aktuellen Geschehnisse sehr beunruhigend. Wer da dachte, die »teuflischen Epochen« seien in aufgeklärten Zeiten längst überwunden, muss sich heute eines anderen belehren lassen.

Nachwort

Eine Erkenntnis zieht sich wie ein roter Faden durch dieses Buch: Gier, Aggression und Unwissenheit sind die drei »teuflischen« Übel, die die Menschheit immer wieder ins Verderben treiben. Dieses Fazit ist nicht neu. Schon Buddha hat es vor 2500 Jahren in Worte gefasst. Und auch andere Weltenlehrer wie Jesus haben sich ähnlich geäußert. Die Gier ist das »Habenwollen«, der übersteigerte Wunsch nach Besitz, Ansehen, Macht. Sie führt in ihrer schlimmsten Ausprägung hin zu kapitalistischen Exzessen, zu Raub und Aggression, die sich dann niederschlägt in Gewalt und Mord. Unwissenheit und/oder Verblendung bewirken, dass ein viel zu großer Teil der Erdbevölkerung nicht erkennt, dass diese Gier nur negative Folgen hat. Wäre dies anders, sähe auch die Welt anders aus. Es ist der Mensch selbst, der sich der eigenen Lebensgrundlagen beraubt, der die Umwelt zerstört, der zu viel nimmt und zu wenig gibt. Oder, um es zu relativieren: Es sind zu viele verantwortungslose Menschen in Machtpositionen, die die Gier fördern, Aggressionen schüren und Verblendung vergrößern.

Der von Mick Jagger im Eingangstext besungene *»Man of Wealth and Taste«* ist kein Wesen aus einer unterirdischen Hölle und es stellt sich die Frage, ob wir diese Figur überhaupt noch benötigen. Schließlich können wir Menschen unsere Teufel selbst produzieren. Wie sang noch Wolfgang Niedecken in *Enn Dreidüüvelsname:* Mit dem ersten Menschen wurde auch der Hass geboren. In drei Teufelsnamen.

Kleines Teufels-ABC

666. 666 ist eine biblische Zahl und begegnet uns in der Offenbarung des Johannes. Sie gilt dort als die Zahl des Tieres und des Antichristen.

Abaddon. Im biblischen Buch Hiob wird der Aufenthaltsort der Toten in der Unterwelt als »Abaddon« bezeichnet. In der Offenbarung des Johannes ist es der Name des »Engels des Abgrundes«. Der Name fand und findet Verwendung in Zaubersprüchen.

Abbadona. In seinem *Messias* berichtet Friedrich Gottlieb Klopstock von einem Teufel, Abbadona, der es bereut, sich von Gott abgewandt zu haben. Auch wollte er die anderen Teufel davon abhalten, Jesus zu töten. Er wird dafür beim Weltgericht begnadigt und in seine frühere Position als Engel zurückversetzt. Während viele Leser des Buches es gut fanden, dass ein Teufel zurück zu Gott gefunden hat, gab es von theologischer Seite Kritik. Man warf Klopstock vor, in seinem Werk den Gegensatz von Gut und Böse aufzuweichen.

Abdiel. In Friedrich Gottlieb Klopstocks soeben erwähntem Werk *Messias* ist Abdiel der Bewacher der Hölle und ein Freund des abtrünnigen Abbadona.

Abracadabra. Der in unserem Sprachraum bekannteste Zauberspruch stammt möglicherweise vom Dämonennamen Abraxas ab. Das Wort war schon im zweiten nachchristlichen Jahrhundert bekannt. Im 16. Jahrhundert begann man damit, es auf Amulette zu schreiben und in Zauberformeln und Zauberbüchern zu benutzen.

Abraxas. In der ägyptischen Isis-Religion war Abraxas eine Sonnengottheit. Für den Gnostiker Basilides galt er im zweiten Jahrhundert n. Chr. als der Herr des Sonnenjahres. Die Buchstaben seines Namens sind in der hebräischen Sprache zugleich Zahlen und ergeben addiert die Zahl 365. Abraxas vereinte Licht und Dunkelheit in sich. Dargestellt wird er mit einem menschlichen Körper, dem Kopf eines Hahns und Schlangenfüßen. Er hält in einer Hand eine Peitsche und in der anderen eine Tafel mit der Aufschrift »IAO« als Hinweis auf das jüdische Tetragramm des Namens Jahwe. Auf Abbildungen sieht man ihn zusammen mit einer goldenen Sonne und einem silbernen Mond als Symbole für das Männliche und das Weibliche. Sein Name wurde zu einem Zauberwort, das man in Amulette und Ringe ritzte. Abraxas steht sinnbildlich für die Vereinigung der Polaritäten, in ihm sind gute wie böse Eigenschaften vorhanden.

Ahriman. Die ursprünglich persischsprachige Bezeichnung *angro mainyu* für den obersten aller Teufel wurde im Griechischen zu Ahriman.

Antichrist. In den Johannesbriefen des Neuen Testaments ist die Rede vom Antichristen. Dort wird er als Gegenspieler Jesu, der vor dessen Wiederkehr erwartet wird, bezeichnet. Die Kirchenväter lenkten in diesem Zusammenhang die Aufmerksamkeit auf Beliar und Luzifer. Es gab in den ersten Jahrhunderten n. Chr. eine römische Legende von der Wiedergeburt des Kaisers Nero, die man mit der Vorstellung vom Auftreten des Antichristen verband. Im dritten Jahrhundert setzten einige Theologen verschiedene römische Kaiser mit dem Antichristen gleich. Im Laufe der Geschichte wurde immer wieder von politischen oder ethnischen Gruppen wie auch von Einzelpersonen vermutet, dass sie Verkörperungen antichristlichen Auftretens seien. In der mittelalterlichen Gesellschaft mit regelmäßig wiederkehrenden Endzeiterwartungen hatte die Antichrist-Vorstellung eine große Bedeutung. Immer wieder wurden politische Gegner als Antichrist identifiziert. Damit konnte man deren Bekämpfung rechtfertigen. So wurde von den Anhängern Papst Gregors VII. beispielsweise der Gegenpapst Clemens III. als Antichrist bezeichnet. Gleiches taten im 13. Jahrhundert Kaiser Friedrich II. und Papst Gregor IX. im Hinblick auf den jeweils anderen. 300 Jahre später hielt Martin Luther das Papsttum für den Antichristen. Natürlich kam aus dem katholischen Lager Gegenwind, indem man beispielsweise die Zahl 666 als Code für den Nachnamen Luthers deutete. Im Zeitalter der Aufklärung waren Philosophen wie Immanuel Kant der Meinung, der Antichrist sei als Symbol für die Herrschaft der Unmoral und Unvernunft anzusehen. Es gab immer wieder antisemitische Verschwörungstheorien, in denen der Antichrist mit vermeintlichen bösen Plänen des sogenannten Weltjudentums in Verbindung gebracht wurde. Napoleon wurde als Antichrist betrachtet, ebenso andere Diktatoren wie Hitler, Lenin, Stalin oder Ceauşescu. In einer in Fjodor Dostojewskis epochales Werk *Die Brüder Karamasow* eingebundenen Geschichte bekennt sich der Großinquisitor von Sevilla zum Antichrist. Seit der Veröffentlichung von Friedrich Nietzsches *Der Antichrist* haben sich immer mehr Menschen selbst als »Antichristen« bezeichnet und damit ihre Ablehnung der christlichen Religion ausgedrückt. Während der ehemalige Erzbischof von Bologna, Giacomo Biffi, im Jahr 2007 gar den Pazifismus und Umweltschutz als Ausdruck antichristlichen Wirkens erkennen wollte, erwartete man in evangelikalen Kreisen der USA die Übernahme der Weltherrschaft in naher Zukunft. Im Zeitalter der sozialen Medien verbreiten sich antichristliche Verschwörungstheorien rasant.

Apokalyptik. Das Wort »Apokalyptik« kommt vom griechischen *apokalyptein* (»offenbaren«). Es bezeichnet Schriften, die sich mit dem Geschehen einer erwarteten Endzeit beschäftigen, meist in Zusammenhang mit schrecklichen Ereignissen, die in dunklen Bildern geschildert werden. Zu diesen Offenbarungen zählen in der Bibel das Buch Daniel und die Offenbarung des Johannes. Die Bezeichnung wird heute meist in Zusammenhang mit schlimmen Katastrophen verwendet.

Archonten. In gnostischen Schriften werden die Archonten als Kräfte genannt, die als Gegenspieler des Guten wirken.

Asasel/Azazel. Ursprünglich wurde so ein Wüstendämon bezeichnet. Er gehörte laut dem apokryphen 1. Buch Henoch zu den Anführern der Engel, die sich auf der Erde mit Menschenfrauen vergnügt haben. Dadurch, dass Asasel den Männern gezeigt hatte, wie man gefährliche Waffen herstellt, wurde er zum Schöpfer des Krieges. Im Alten Testament wird er als bocksgestaltiger Dämon beschrieben, der in der Wüste lebt. In Zusammenhang mit ihm entstand der Begriff »Sündenbock«. Der Hohepriester übertrug rituell die Sünden des Volkes Isreal auf einen Ziegenbock, der danach in die Wüste zu Asasel gejagt wurde. Wörtlich übersetzt bedeutet Asasel »Bock, der wegträgt«. Später brachte man Asasel mit dem gefallenen Engel in Verbindung. Er soll nicht nur die Männer den Gebrauch von Waffen gelehrt, sondern auch den Frauen das Schminken beigebracht haben. Der Engel Raphael habe ihn daraufhin zur Strafe in die Finsternis geworfen – es heißt, nach dem Jüngsten Gericht solle er Satan übergeben werden. Spätere Werke schildern ihn als einen Dämon in Bocksgestalt, der für die Höllenarmeen das Banner trägt.

Baphomet (Behemot, Mahomet). Den Tempelrittern sagte man nach, sie verehrten einen Dämon in Gestalt eines ausgestopften Menschenkopfes, der als Ursprung ihres Reichtumes angesehen wurde. Von Seiten der Kirche wurde behauptet, es handele sich dabei um den ziegenköpfigen Dämon, der die Hexen beim Sabbat besuche. Niemand hat den Namen Baphomet bisher richtig deuten können, auch wenn es viele verschiedene Ansätze gibt. Dass die Tempelritter ein Symbol namens Baphomet verehrten, davon berichten Prozessprotokolle aus Südfrankreich. Die Figur soll einen langen Bart und Edelsteine als Augen gehabt haben. Der okkultistische Autor Éliphas Lévi zeichnete im 19. Jahrhundert den Baphometen mit einem gehörnten Ziegenkopf, einem Pentagramm auf der Stirn und mit weiblichen Brüsten. Der Baphomet soll die Polarität und gleichzeitig die Einheit darstellen, denn er vereint Gut und Böse, Frau und Mann, Mensch und Dämon, Mensch und Tier.

Beelzebub (Belzebub, Beelzebul, Beelzebock, Belsebub). In der Bibel, etwa bei Matthäus und Lukas, wird Beelzebub als »Anführer der Dämonen« bezeichnet. Ursprünglich war Beelzebub eine lokale Gottheit der Philister. Er war der Stattgott von Ekron. Er wurde abwertend als »Herr der Fliegen« oder »Herr des Misthaufens« bezeichnet.

Belial/Beliar. In der Bibel wird er als der oberste aller Dämonen genannt. Im Mittelalter galt Belial als Teufel der Lügen und stand in der Hierarchie unter Beelzebub. In manchen jüdischen Schriften taucht er auch als Gegenspieler Gottes auf. Beliar soll der Lieblingsdämon des Kindermörders Gilles de Rais im 15. Jahrhundert gewesen sein. Im Mittelalter wurde er oft als eine Art Anwalt der Teufel betrachtet. So klagte er Jesus vor Gott an, dass dieser sich in die Angelegenheiten der Hölle einmische. In John Miltons *Paradise Lost* wird Belial als wortgewandt und optisch attraktiv beschrieben. Im Satanismus gilt Belial als einer der vier Erzdämonen. Er repräsentiert den Norden, die Niedertracht der Erde und die Unabhängigkeit. In einigen Veröffentlichungen wird er als Dämon beschrieben, der Macht über den menschlichen Körper besitzt und ausübt. Woher der Name Belial stammt, ist nicht geklärt. Manche Autoren vermuten, dass er sich mit »Nichtsnutz« übersetzen lässt. In der hebräischen Bibel, dem *Tanach,* werden sehr negativ beschriebene Menschen als *Beliar* bezeichnet. An manchen Stellen kann auch eine Unheilsmacht darunter verstanden werden. In den Schriftrollen, die man am Toten Meer gefunden hat, spielt er eine wesentliche Rolle beim Endkampf zwischen Gut und Böse. Vielfach wird er in alten Schriften mit Satan gleichgesetzt. In der mittelalterlichen Überlieferung ist Belial der gefallene Engel und der Fürst der Finsternis. In heutiger Zeit taucht sein Name oft in Computerspielen mit dämonischem Bezug auf.

Bilsenkraut. *Hyoscyamus niger,* das Schwarze Bilsenkraut, wird immer wieder als das typische Hexenkraut bezeichnet. Es enthält Alkaloide, die beim Menschen schon in geringen Mengen halluzinogene Wirkungen hervorrufen. Als vermeintlicher Bestandteil der berühmten Hexensalbe soll hauptsächlich das Bilsenkraut für die Flugvisionen der Verwenderinnen verantwortlich gewesen sein. Viele Brauer gaben neben anderen Zutaten auch Bilsenkraut ins Bier. Bis zur Einführung des Reinheitsgebotes war Bier ein Getränk mit oft durchschlagender Rauschwirkung, was möglicherweise die Teufel- und Dämonensichtungen mancher Konsumenten im Mittelalter erklären könnte.

Dämon. In den alten jüdischen und hellenistischen Kulturen wurden böse Geister allgemein als Dämonen bezeichnet. In der griechischen Sprache ist ein *daimon* ein Unheilsgeist. Dämonen konnten all das hervorrufen, was den Menschen schadet. Armut, Hungersnöte oder Krankheiten gingen auf ihr Konto. In der christlichen Mythologie versteht man unter einem Dämon in erster Linie einen bösen Geist, der einen Menschen besetzen kann. Bei Naturvölkern gelten Dämonen eher als unfreundliche Natur-

und Totengeister. Der Kirchenvater Augustinus entwickelte die Lehre von den zwei Reichen: dem Gottesstaat *(civitas dei)* und dem Teufelsstaat *(civitas diaboli).* Dämonen waren bei ihm gefallene Engel. Im frühen Mittelalter war in Kirchenkreisen die Ansicht verbreitet, dass es einen Teufel gebe, dieser aber den Menschen nur Illusionen vorgaukele, die von diesen zwar als wahr angesehen würden, allerdings keine eigene Wirklichkeit besäßen. Und so seien auch die Schilderungen von Frauen, die, angeführt von der Göttin Diana, nachts auf wilden Tieren ritten, nichts anderes als Wahnvorstellungen. Der Teufel könne niemanden verwandeln und die Flüge der Hexen seien nicht real. Allerdings seien Dämonen durchaus in der Lage, bei Männern Impotenz hervorzurufen. Gegen Ende des Mittelalters, als der Hexenwahn seinen Anfang nahm, begann sich die Dämonen-, Hexen- und Teufelsfurcht stetig zu steigern. Dies ist zu einem großen Teil auf zahlreiche Veröffentlichungen zum Thema Dämonologie zurückzuführen (begünstigt durch die Erfindung des Buchdrucks). Das einflussreichste Buch war wohl der *Hexenhammer* von 1487.

Exorzismus. Schamanen kennen Rituale, mit denen verirrte Geister, die beim Menschen Krankheiten hervorrufen können, auf friedliche Art an einen für sie besseren Ort gebracht werden können. Im christlichen Kontext werden der Teufel oder die Dämonen aus dem Besessenen ausgetrieben, oftmals mit Gewalt. Christliche Exorzisten benutzen ein Kruzifix, das den Widersacher austreiben soll, Weihwasser gegen dämonische Mächte sowie eine Bibel, eine Glocke und Kerzen, um die Anwesenheit Gottes zu demonstrieren.

Häresie. Häresie bedeutet »Ketzerei«. Lehren, die im Widerspruch zur kirchlichen Lehre stehen, nennt man »häretisch«. Die Bezeichnung ist abgeleitet vom griechischen Begriff für »freie Wahl«. Für die römisch-katholische Kirche des Mittelalters galt die Häresie als schlimme Sünde, die mit dem Tod zu bestrafen war. Die Inquisition wurde ins Leben gerufen, um Häretiker ausfindig zu machen und zu bestrafen. In Südfrankreich gab es die Katharer und die Albigenser, deren Lehren von der offiziellen Kirchenmeinung abwichen. Die Waldenser richteten sich gegen die Unmoral vieler Geistlicher und wurden dafür verfolgt. Seit 1215 stand auf Häresie die Todesstrafe; und nachdem man die Hexerei ebenfalls zur Häresie erklärt hatte, wurde auch sie mit dem Tod geahndet.

Hexenhammer. Im ausgehenden Mittelalter, im Jahre 1487, erschien in Straßburg das *Malleus maleficarum,* der *Hexenhammer.* Sein Autor war der Dominikaner Heinrich Kramer (Institoris), der im Auftrag von Papst Innozenz VIII. agierte. Der Papst hatte gesagt, dass er Zauberer und Hexen ausrotten wolle. Das Buch, offiziell zum Wohl der Menschheit geschrieben, wurde ein Bestseller, der sich über Jahrhunderte hielt. In den Hexenprozessen diente es als Hauptleitfaden für die Richter. Es war der Auslöser für den Fanatismus, mit dem man nach seinem Erscheinen auf Hexensuche ging. Der Autor versuchte die Hexerei allgemein und speziell darzustellen und den Richtern und ihren Mitarbeitern aufzuzeigen, wie sie vorzugehen hätten. Das Werk trieft von Frauenhass. Institoris selbst ließ als Inquisitor kurz nach Erscheinen der Schrift fast 50 Frauen töten.

Inquisition. Das Wort »Inquisition« kommt vom lateinischen *inquiere* (untersuchen). Die Inquisition entstand im 13. Jahrhundert als Instrument der katholischen Kirche, um Häretiker aufzuspüren, zu verfolgen, eventuell zu bekehren oder zu verurteilen. Das Inquisitionsverfahren unter Vorsitz eines Kirchenmannes bildete sich im späten Mittelalter. Auch wenn anfangs Glaubensabtrünnige die Hauptzielgruppe der Inquisition waren, zählte man Magier, Zauberer und Hexen ebenfalls zum Kreis der Verdächtigen. Eine Legitimation für die Inquisition sah die Kirche in Texten aus der Bibel sowie in den vorhandenen Aufzeichnungen der Kirchenväter und anderer religiöser Autoritäten. In Frankreich waren die Katharer die größte Gruppe der Verfolgten. Im Laufe der Zeit wurde der Fokus immer mehr erweitert – etwa auf Waldenser, Amalrikaner, Apostelbrüder, Hussiten, Täufer, Beginen und später auch Protestanten.

Jüngstes Gericht. Das Jüngste Gericht ist aus christlicher Sicht der Tag der Wiederkehr Jesu Christi. Dann sollen, so glaubt man, die Gerechten von den Sündern getrennt werden. Letztere werden dem Teufel anheimgegeben.

Legion. Der Dämon von Gadra (übersetzt: »viele«) ist eine dämonische Erscheinung, die in der Bibel erwähnt wird: In den Evangelien nach Markus und Lukas wird ein Mann beschrieben, der von vielen Dämonen besessen ist, die Jesus austreibt und in 2000 Schweine fahren lässt. Die Schweine ertrinken im See Genezareth.

Mephistopheles. In den Volkssagen um den historischen Johann Georg Faust wird Mephistopheles als ein Teufel dargestellt, mit dem Faust einen Pakt eingeht. Ebenso im Drama *Die tragische Historie von Christopher Marlowe* aus dem Jahr 1589. In Goethes *Faust* versucht er eine Wette mit Gott abzuschließen, nämlich dass es ihm gelingen wird, den Doktor Heinrich Faust vom rechten Weg abzubringen. Er ist aber kein Gegner Gottes, sondern eingebunden in den göttlichen Plan, der sowohl aus Schöpfung als auch aus Zerstörung besteht. Mephistopheles sieht sich auch selbst entsprechend als Teil der Kraft »... die stets das Böse will und stets das Gute schafft.« Bei einigen Autoren heißt er auch Mephistophilis, bei Shakespeare Mephistophilus, in alten Volksbüchern und Puppenspielen Mephostophiles, Mephostophilus. In seinem Roman *Mephisto* von 1936 erzählt Klaus Mann die Geschichte des Schauspielers Hendrik Höfgen (basierend auf der realen Person Gustaf Gründgens), der sich in der Nazizeit mit den Machthabern arrangiert. Höfgens Paraderolle ist der Mephisto in Goethes *Faust*. Der Roman wurde 1981 mit Klaus Maria Brandauer als Höfgen verfilmt.

Samael/Sammael/Schamael/Semael/Semel, Semiel, Sammane, Sammuel. Da Samael in der jüdischen Überlieferung als Schutzengel des verhassten Römischen Reiches galt, wurde er als Herrscher des Reichs des Bösen angesehen, zusammen mit seiner Partnerin Lilith. Oft wird er auch als Todesengel bezeichnet. Er gilt als der Anführer der rebellierenden Engel, der die Schlange im Paradies lenkte. Samael schielt, ist dunkel und hat Hörner auf dem Kopf, so heißt es. In der jüdischen und christlichen Mythologie ist er ein Erzengel, der als Ankläger fungiert. In manchen Büchern wird er mit Belial gleichgesetzt. In gnostischen Schriften ist er der »blinde Gott«, der die bösen Mächte anführt. In der magischen Literatur wird er oft zum Objekt von Beschwörungen.

Tarot. Auf der 15. Karte des Großen Arcana erkennen wir den Höllenfürsten auf einem Podest stehend, an dem in Teufel verwandelte Menschen angekettet sind. Dies verweist auf Bestrafung und Schuld sowie Anhaftung an Triebe. Die Tarotkarte mit dem Teufelsabbild kann für eine Chaos bringende Kraft stehen. Sie symbolisiert für den Betreffenden eine Lebensphase, in der er negativen Energien ausgesetzt ist. Die Umstände sind nicht günstig, von außen kommen störende Einflüsse und man selbst kann momentan nur wenig tun außer abzuwarten.

Teufelspakt. Wenn Menschen sich dem Teufel zuwenden, versprechen sie sich einen Vorteil davon. In der mittelalterlichen Theologie wurde die Theorie vom Teufelspakt verbreitet. Sie hatte großen Einfluss auf den Hexenwahn, dem vor allem in der frühen Neuzeit viele Menschen zum Opfer fielen. Die Literatur aus dem 16. Jahrhundert zu diesem Thema machte den Teufel für nahezu alles Unglück und Böse, das auf dieser Welt geschieht, verantwortlich. Der Pakt meint das Bündnis zwischen dem Teufel und einem Menschen, der dem Leibhaftigen seine oder eine andere menschliche Seele verspricht. Als Gegenleistung erhält er dafür Reichtum oder Macht, Talent, magische Kräfte oder ähnliches. Zur Zeit der Hexenverfolgung glaubte man, dass die Hexen ihre Kräfte durch einen Pakt mit dem Teufel erhalten hätten. Man spricht auch von einem Teufelspakt, wenn ein Mensch Bündnisse mit anderen eingeht, die seinen eigenen Vorstellungen entgegenstehen. In Kommentaren zur Politik wird der Begriff oft verwendet. Dorian Gray verkauft in Oscar Wildes Roman *Das Bildnis des Dorian Gray* seine Seele, um ewige Jugend zu erhalten. Ähnliches geschieht in *Der Meister und Margarita* von Michail Bulgakow. In Adelbert Chamissos Kunstmärchen *Peter Schlemihls wundersame Geschichte* verkauft ein junger Mann im Tausch gegen ewigen Reichtum seinen Schatten an den Teufel. Bei *Timm Thaler* ist es das Lachen des dreizehnjährigen Protagonisten, was der Teufel begehrt und was er ihm in einem Pakt abluchst, in dem er seinerseits Timm zusagt, jede erdenkliche Wette zu gewinnen.

Luzifer, der gefallene Engel (Gustave Doré, 1832–1883)

Literaturverzeichnis

Apolda, Dietrich von: *Leben und Legende der heiligen Elisabeth.* Frankfurt 1997

Bandini, Ditte und Giovanni: *Kleines Lexikon des Hexenwesens.* München 1999

Bauer, Johannes B.; Felber, Anneliese; Hutter, Manfred: *Lexikon der christlichen Antike.* Stuttgart 1999.

Beier-de Haan, Rosmarie (Hrsg.): *Hexenwahn – Ängste der Neuzeit.* Berlin 2002

Birkhan, Helmut: *Magie im Mittelalter.* München 2010

Bonin, Werner F.: *Lexikon der Parapsychologie und ihrer Grenzgebiete.* München 1988

Briggs, Robin: *Die Hexenmacher. Geschichte der Hexenverfolgung in Europa und der Neuen Welt.* Berlin 1998

Dalichow, Irene: *Naturgeister. Mittler zwischen Erde und Mensch.* München 1997

Daxelmüller, Christoph: *Zauberpraktiken. Eine Ideengeschichte der Magie.* Zürich 1993

Decker, Rainer: *Die Päpste und die Hexen. Aus den geheimen Akten der Inquisition.* Darmstadt 2003

Drury, Nevill: *Magie. Vom Schamanismus und Hexenkult bis zu den Technoheiden.* Aarau und München 2003

Frenschkowski, Marco: *Die Hexen. Eine kulturgeschichtliche Analyse.* Wiesbaden 2012

Graf, Fritz: *Gottesnähe und Schadenzauber. Die Magie in der griechisch-römischen Antike.* München 1996

Hemminger, Hansjörg: *Geister, Hexen, Halloween. Esoterik und Okkultismus im Alltag. Ein Ratgeber für Eltern.* Gießen 2002

Kramer (Institoris), Heinrich: *Der Hexenhammer.* Malleus Maleficarum. Kommentierte Neuübersetzung. München 2003

Krämer, Claus und Jörg-Wolf: *Die gantze Wahrheyt von den Hexen und deren Zaubereyn. Hexenverständnis und -verfolgung im Mittelalter.* Rheinbach 2015

Krämer, Claus: *Die Heilkunst der Kelten.* Darmstadt 2015

Luck, Georg: *Magie und andere Geheimlehren in der Antike.* Mit 112 neu übersetzten und einzeln kommentierten Quellentexten. Stuttgart 1990

Pickering, David: *Lexikon der Magie und Hexerei.* Augsburg 1999

Ranke-Graves, Robert von: *Die weiße Göttin. Sprache des Mythos.* Reinbek 1999

Rueb, Franz: *Hexenflug und Teufelsritt.* Zürich 1997

Schwaiger, Georg (Hrsg.): *Teufelsglaube und Hexenprozesse.* Hamburg 2007

Trummer, Manuel: *Sympathy for the Devil? Transformationen und Erscheinungsformen der Traditionsfigur Teufel in der Rockmusik.* Münster, New York, München, Berlin 2011

Wilson, Colin: *Tanz der Teufel, Scharlatane, Gurus, Sektenführer*. Kreuzlingen und München 2001

Mephistopheles über Wittenberg (Eugène Delacroix, 1798–1863)